LA CONFÉRENCE
DE LA CROIX-ROUGE EN 1907

DANS SES RAPPORTS AVEC LA MARINE

PAR

LE Dr HYADES

MÉDECIN GÉNÉRAL DE 2e CLASSE DE LA MARINE

Extrait des *Archives de médecine navale*, octobre-novembre 1907.

PARIS

IMPRIMERIE NATIONALE

MDCCCCVII

LA CONFÉRENCE DE LA CROIX-ROUGE EN 1907

DANS SES RAPPORTS AVEC LA MARINE

LA CONFÉRENCE DE LA CROIX-ROUGE EN 1907

DANS SES RAPPORTS AVEC LA MARINE

PAR

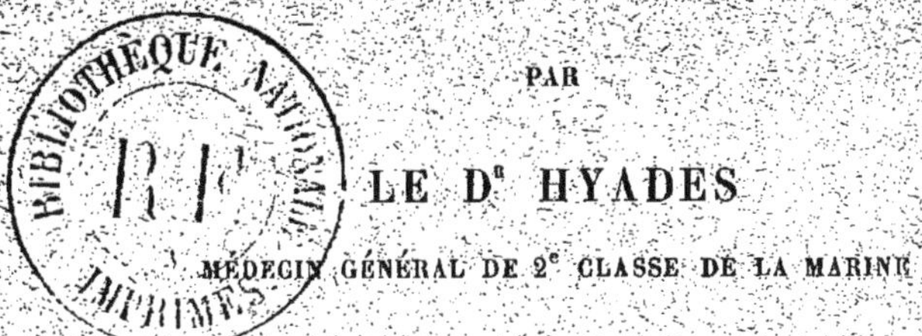

LE Dr HYADES

MÉDECIN GÉNÉRAL DE 2e CLASSE DE LA MARINE

Extrait des *Archives de médecine navale*, octobre-novembre 1907

PARIS

IMPRIMERIE NATIONALE

MDCCCCVII

LA CONFÉRENCE
DE LA CROIX-ROUGE EN 1907
DANS SES RAPPORTS AVEC LA MARINE,

PAR

LE Dr HYADES,

MÉDECIN GÉNÉRAL DE 2e CLASSE DE LA MARINE.

La Conférence de la Croix-Rouge, qui s'est tenue à Londres en juin 1907, est la huitième de ces assemblées internationales. Voici leur succession par ordre chronologique, avec le lieu de leur réunion et le nom des représentants de la Marine française pour chacune d'elles depuis 1884 :

I. Paris, 1867.
II. Berlin, 1869.
III. Genève, 1884 (Dr Kiefler, médecin de 1re classe).
IV. Carlsruhe, 1887 (Dr Hyades, médecin principal).
V. Rome, 1892 (Dr Auffret, médecin en chef).
VI. Vienne, 1897 (Dr Bonnafy, médecin en chef).
VII. St-Pétersbourg, 1902 (Dr Bonnafy, médecin en chef).
VIII. Londres, 1907 (Dr Hyades, médecin général).

Depuis 1887, la Conférence se réunit tous les cinq ans, conformément au vœu émis par la IVe Conférence à Carlsruhe.

Sur la proposition de la VIIe Conférence, à Saint-Pétersbourg, le titre adopté pour ces assemblées est : *Conférence internationale de la Croix-Rouge,* au lieu de « Conférence internationale des Associations de la Croix-Rouge », nom employé jusqu'en 1902.

Comment les médecins de la Marine, délégués officiels à ces Conférences, n'ont-ils pas jugé à propos de présenter à leurs camarades, dans les *Archives de médecine navale*, une étude plus ou moins développée sur les réunions auxquelles ils venaient d'assister? Pareille abstention est également à relever dans les publications périodiques des Marines étrangères. Deux explications pourraient en être données : c'est d'abord la faible importance relative des sujets intéressant particulièrement la Marine dans les programmes et dans les délibérations des Conférences; c'est ensuite la difficulté de rendre un compte exact de ce qui s'est passé dans ces assemblées et de renseigner en même temps le lecteur sur la position des questions examinées, en présentant un résumé suffisamment complet des discussions précédentes sur les mêmes sujets. Cette difficulté apparaît nettement dans un article des *Archives de médecine navale* (mars 1891) reproduisant, à l'occasion d'un concours sur les «Secours aux blessés dans les guerres maritimes», des documents échelonnés de 1884 à 1890 et sans autre lien entre eux que la succession des dates. Elle apparaît très nettement aussi dans le mémoire du Dr Auffret, sur les «Secours aux blessés des guerres maritimes» (*Revue maritime et coloniale*, janvier-février 1894), dont l'introduction contient un aperçu succinct sur la Ve Conférence ouverte le 22 avril 1892 à Rome.

Les comptes rendus officiels des Conférences ne sont publiés qu'assez longtemps après la clôture de ces assemblées; ils ne se trouvent pas dans le commerce et il est difficile de se les procurer. D'ailleurs, de même que tous les imprimés de ce genre, ils contiennent des procès-verbaux complets, mais ils laissent forcément dans l'ombre la physionomie des séances et l'explication des interventions qui ont pu se produire.

La présente étude se divise en trois parties :

I. Exposé des travaux de la VIIIe Conférence en ce qui concerne la Marine;

II. Moyens proposés pour la meilleure organisation des futures Conférences internationales de la Croix-Rouge;

III. Rapports actuels de la Croix-Rouge et de la Marine.

I. TRAVAUX DE LA VIIIe CONFÉRENCE.

Pour la clarté du sujet, il convient d'abord d'indiquer, dans un aperçu rapide, comment se présentait la question de l'activité maritime de la Croix-Rouge, avant l'ouverture de la Conférence.

Par dépêche ministérielle du 19 avril 1907, j'étais désigné pour représenter le Département de la Marine à la Conférence de Londres. Peu de jours après, je recevais le *Programme préliminaire n° 1*, portant la date du 8 avril 1907. Il donnait la liste *des sujets à discuter* enregistrés jusqu'au 8 avril; aucun d'eux n'avait de relation quelconque avec l'activité maritime de la Croix-Rouge. Ce n'était probablement qu'une omission accidentelle, et, dans cette pensée, j'écrivis à M. Danvers Power, président du Comité d'organisation, à Londres, en le priant de m'envoyer un exemplaire des documents préparés sur cette question en vue de la VIIIe Conférence, qui les examinerait sans doute avec intérêt, l'action bienfaisante de la Croix-Rouge devant s'exercer au même titre sur mer et sur terre.

M. Danvers Power me répondit qu'il n'avait pas encore reçu de documents sur ce sujet[1]; que, cependant, d'après ses informations, un rapport devait être préparé; que, dans tous les cas, la question serait certainement mise en discussion, la nécessité des secours de la Croix-Rouge s'imposant aussi bien

(1) On verra ultérieurement que les Sociétés de la Croix-Rouge de plusieurs pays ont fourni un court résumé des moyens qu'elles ont employés pour la réalisation de la Convention de La Haye de 1899, ainsi que pour l'exécution des vœux de la Conférence de Saint-Pétersbourg de 1902, sur les secours aux blessés des guerres maritimes. Mais ces documents n'ont pas été communiqués d'avance au Comité d'organisation de Londres, et ils n'ont été remis aux délégués qu'à la fin de la VIIIe Conférence. Une observation analogue serait d'ailleurs applicable à la plupart des documents distribués, au cours de la Conférence, trop tardivement pour qu'il fût possible aux délégués d'en prendre connaissance avant les délibérations. Le Comité d'organisation de la VIIIe Conférence ne peut être rendu responsable de ces fâcheux retards, dont il a ressenti très vivement les inconvénients, et, comme nous le dirons plus loin, son président a proposé des mesures destinées à empêcher le retour de pareilles défectuosités.

sur mer que sur terre, et ce sujet intéressant particulièrement la Conférence tenue sur le sol de la Grande-Bretagne.

Le *Programme préliminaire n° 2*, daté du 15 mai 1907, mentionnait en effet que la Société de la Croix-Rouge britannique proposerait à la VIIIe Conférence la discussion du sujet : «La Croix-Rouge sur mer.» À la même époque, M. Danvers Power me faisait connaître le nom et l'adresse de la personnalité chargée du rapport : M. Makins, chirurgien de 1re classe à l'hôpital de Saint-Thomas de Londres, membre du Conseil de la Croix-Rouge britannique. J'exposai par écrit à M. Makins quelques idées personnelles, relativement au travail dont il était chargé, et je fus amené, sur son conseil, à communiquer au président du Comité d'organisation le projet de désigner, aussitôt après l'ouverture de la Conférence, une Commission spéciale composée de tous les délégués de Gouvernements pour la Marine et du plus grand nombre possible de délégués des Sociétés intéressés particulièrement aux progrès de l'activité maritime de la Croix-Rouge : cette Commission recevrait le mandat de présenter à la Conférence, après examen et accord, des propositions nettement déterminées sur la meilleure organisation de la Croix-Rouge pour les secours dans les guerres maritimes.

Pour que cette Commission spéciale eût immédiatement un texte à examiner, au début de ses délibérations, j'adressai en même temps à MM. Danvers Power et Makins un avant-projet de trois propositions paraissant susceptibles de servir de point de départ aux délibérations.

Ces propositions préalables, reproduites ci-après, furent également communiquées, par sentiment de haute convenance, à mes collègues de la Marine britannique, le Dr Ellis, inspecteur général, et le Dr May, inspecteur général adjoint (*Deputy inspector general*), délégués de leur Gouvernement; à M. Louis Renault, ministre plénipotentiaire honoraire, professeur à la Faculté de droit de Paris, délégué du Gouvernement (Affaires étrangères) et délégué du Comité central (France); aux présidents de la Croix-Rouge française, de la Croix-Rouge russe, du Comité international à Genève.

Avant-projet de propositions.

1. Inviter respectueusement la Conférence de La Haye à consacrer l'adaptation à la Marine des principes de la nouvelle Convention de Genève de 1906, de même que le bénéfice de la Convention de Genève de 1864 a été étendu aux guerres maritimes par la Convention diplomatique signée à La Haye le 29 juillet 1899.

2. Demander aux Puissances maritimes représentées à la Conférence de Londres l'organisation, dans leurs capitales, de Commissions permanentes spéciales, composées de délégués des Sociétés de la Croix-Rouge et de délégués de la Marine, pour assurer, dès le temps de paix, la participation la plus utile possible des Sociétés de la Croix-Rouge en cas de guerre maritime.

3. Former le vœu que les Comités centraux de la Croix-Rouge de toutes les nations maritimes trouvent un terrain d'entente pour échanger entre eux, dans l'intervalle des Conférences internationales, des rapports et des propositions sur l'assistance en cas de guerre maritime.

Cet échange de vues et d'idées serait un moyen efficace pour obtenir que l'action bienfaisante des Sociétés de la Croix-Rouge s'exerce aussi bien sur mer que sur terre.

Le 7 juin 1907, j'eus l'honneur de présenter cet avant-projet à M. le Vice-Amiral Chef d'état-major général, qui voulut bien lui donner son approbation et qui m'autorisa à en poursuivre à Londres la réalisation. Je n'avais pas qualité cependant pour prendre l'initiative de soutenir ces idées à la Conférence; on le verra dans la deuxième partie de ce travail, à propos du rôle des délégués. Mais il m'était parfaitement permis de traiter de ce sujet avec tel ou tel délégué du Comité central qui, ayant adopté ces propositions, sous cette forme ou sous une autre, aurait ensuite toute facilité pour les soumettre à la Conférence. Il en était de même de l'idée concernant la réunion d'une Commission spéciale pour l'étude de l'activité maritime de la Croix-Rouge. Sur ces divers points, je ne pouvais que *préparer le terrain;* c'est ce que j'avais commencé à faire par correspondance, et c'est ce que je continuai à faire mieux encore à mon arrivée à Londres dans un long entretien avec M. Louis Renault, délégué du Comité central (France). Grâce à la haute autorité de cet éminent jurisconsulte, à son extrême activité, grâce aussi à l'influence puissante de M. le marquis de Vogüé, vice-président de la Conférence, une Commission spéciale pour l'étude de «la Croix-Rouge sur mer» fut nommée aussitôt après la séance d'ouverture de la Conférence, le 11 juin.

Elle se composait de quinze membres :

MM. le général de Gebsattel (Allemagne), le capitaine de vaisseau Don Estevan de Loqui (République Argentine), le chevalier Konstantin d'Arneth (Autriche-Hongrie), le médecin-directeur de la Marine C. Wise (États-Unis), Louis Renault, Hyades, marquis de Vogüé (France), l'inspecteur général de la Marine Herbert M. Ellis, l'inspecteur général adjoint Arthur W. May, George Henry Makins (Grande-Bretagne), le médecin lieutenant-colonel Fillippo Rho (Italie), le professeur Nagao Ariga (Japon), le lieutenant général Thaulow (Norwège), le major W. J. Vervloet (Pays-Bas), le conseiller privé de Martens (Russie).

Cette Commission s'est réunie dans la matinée, avant les séances plénières, les 12 et 13 juin, sous la présidence du marquis de Vogüé. Il y eut seulement sept membres présents à la première réunion et dix à la deuxième. Ces absences ne provenaient nullement d'indifférence chez les membres absents, mais ils n'avaient pas reçu de convocation, et plusieurs d'entre eux ignoraient même l'existence de la Commission dont ils faisaient partie.

On va comprendre pourquoi : la réunion préparatoire des délégués des Comités, tenue le matin du 11 juin, pour régler l'ordre du jour de la séance d'ouverture, avait voté la nomination d'une Commission spéciale pour l'activité maritime de la Croix-Rouge. Mais cette décision ne fut pas proclamée au cours de la séance d'ouverture, de manière à la porter à la connaissance de toute l'assemblée, ainsi que la liste des membres proposés par le bureau. Celui-ci, d'ailleurs, n'arrêta cette liste qu'après la fin de la séance d'ouverture dans la salle alors déserte. Il fallut prévenir à domicile les membres désignés, dont plusieurs n'avaient pas fait connaître leurs adresses : de là, des retards ou des omissions inévitables.

Au début de sa première réunion, la Commission spéciale rappela, sans y insister, le vœu émis par la Conférence de Saint-Pétersbourg en 1902 sous la forme suivante :

I. Que dans l'accomplissement de leur mission humanitaire qui les amènera à faire de fréquentes entrées, soit dans les ports d'un belligérant, soit même dans les ports neutres, les navires hospitaliers soient, en temps de guerre, exonérés de tous droits et taxes de ports[1];

II. Que, dans les ports de mer et villes maritimes, la Société de la Croix-Rouge s'engage à soigner les blessés et les malades, sans distinction de nationalité, recueillis par les bâtiments hospitaliers pendant les combats navals. Elle émet, en outre, le vœu que les Puissances veuillent bien prendre les mesures nécessaires pour la mise en vigueur de l'article 10 de la Convention de La Haye, qui a été exclu de la ratification de ladite Convention[2].

Aussitôt après, la discussion fut ouverte sur l'*Avant-projet* des propositions reproduites plus haut.

A la suite d'un examen approfondi auquel prirent part tous les délégués présents, on se mit d'accord sur l'utilité d'adopter *les principes* des propositions 1 (revision de la Convention de

[1] Ce vœu est actuellement réalisé. Le *Journal officiel de la République française* du 28 juillet 1907 a publié en effet un décret portant «promulgation de la Convention internationale conclue à La Haye, le 21 décembre 1904, en vue d'exempter les bâtiments hospitaliers de tous droits et taxes imposés aux navires, au profit de l'État, dans les ports des parties contractantes». Nous ne saurions cependant souscrire à l'opinion de M. André Tardieu, auteur d'un article très documenté sur la Conférence de La Haye, affirmant, dans la *Revue des Deux-Mondes*, 15 juin 1907, page 830, que cette Conférence se trouve presque entièrement déchargée de l'étude d'une nouvelle adaptation à la guerre maritime des principes de la Convention de Genève, par suite de la signature en 1904 de la Convention spéciale aux navires-hôpitaux.

[2] Cet article 10 était ainsi rédigé : «Les naufragés, blessés ou malades, qui sont débarqués dans un port neutre, du consentement de l'autorité locale, devront, à moins d'un arrangement contraire de l'État neutre avec les États belligérants, être gardés par l'État neutre, de manière qu'ils ne puissent pas de nouveau prendre part aux opérations de la guerre.»

La Haye) et 2 (préparation en temps de paix des secours aux blessés des guerres maritimes).

Quant à la 3e proposition (échanges de vues entre les Comités centraux des pays maritimes, dans l'intervalle des Conférences internationales de la Croix-Rouge), il fut admis que l'intermédiaire entre les Comités centraux se trouvait être d'une manière permanente le Comité international de Genève, et qu'il n'y avait pas lieu de rechercher un autre terrain d'entente commune.

Le 13 juin, à sa deuxième réunion, la Commission eut sous les yeux le rapport de M. Makins, sur l'activité maritime de la Croix-Rouge; elle consacra entièrement sa séance à examiner ce document et à écouter les explications de l'auteur. Après avoir constaté que le rapport de M. Makins n'aboutissait pas à des conclusions ni à des propositions *fermes*, la Commission estima qu'elle devait constater l'importance de ce travail, mais qu'elle avait aussi le devoir de signaler à la Conférence un point particulier des considérations présentées, sur lequel il lui paraissait impossible de ne pas formuler de protestation.

La Commission chargea M. Louis Renault d'exposer à l'assemblée, en séance plénière, le résultat de ses délibérations. M. Renault allait partir pour La Haye, comme plénipotentiaire de France à la Conférence de la Paix, mais il eut le temps de rédiger le rapport que lui demandait la Commission et de le lire le même jour à la Conférence. Ce très intéressant document est reproduit plus loin, à la suite du rapport de M. Makins. À la Conférence, cependant, M. Renault a pris la parole le premier, ce qui s'explique par le fait même qu'il parlait au nom de la Commission spéciale chargée par la Conférence d'examiner la question de l'activité maritime de la Croix-Rouge. La lecture du rapport de M. Makins, faite ensuite, avait été annoncée en quelque sorte par la lecture du rapport de M. Renault, mais il semble qu'il eût été plus régulier, sinon plus logique, d'intervertir la présentation de ces deux documents, en suivant l'ordre adopté ici.

RÔLE DES SOCIÉTÉS DE LA CROIX-ROUGE DANS LA GUERRE NAVALE,

PAR G. H. MAKINS, C. B., F. R. C. S.

Chirurgien de St. Thomas's Hospital; chirurgien consultant de King Edward VII's Hospital pour officiers, et chirurgien à Osborne; membre du Conseil de la British Red Cross Society; membre du Consultation Board du Service médical de la Marine; ex-chirurgien consultant de l'armée de campagne de l'Afrique du Sud, etc.

La nature et l'étendue de l'assistance qui peut être prêtée par les Sociétés de la Croix-Rouge, au cours d'une guerre navale, sont extrêmement difficiles à déterminer, partie en raison des conditions d'une pareille guerre, partie en raison du défaut d'une suffisante expérience pratique.

La question a attiré l'attention du Comité central de la Croix-Rouge dès août 1864, et une série d'articles additionnels, ayant trait à la guerre maritime, furent provisoirement rédigés comme complément au texte primitif de la Convention de Genève.

Les membres des Conférences se sont également consacrés avec énergie à la solution du problème, en 1869 à Berlin et en 1887 à Carlsruhe, quand la question fut soumise au Comité international de la Croix-Rouge pour qu'il lui consacrât un rapport.

Le rapport du Comité international, admirablement codifié par le professeur d'Espine, fut présenté à la Conférence tenue à Rome en 1892, et, à partir de cette date, on peut dire que la question est entrée dans le domaine pratique; elle fut reprise aux Conférences de la Croix-Rouge tenues à Vienne en 1897 et à Saint-Pétersbourg en 1901; et, finalement, à la Conférence internationale de la Haye de juillet 1899, une série de quatorze articles fut rédigée pour servir de base pratique et adoptée par un grand nombre des Puissances contractantes (l'article 10 fut réservé par le Représentant de la Grande-Bretagne, lors de la signature de la Convention, puis exclu quand la Convention fut finalement ratifiée par toutes les Puissances représentées). La Convention de Genève du 6 juillet 1906 ne fait aucune allusion directe à la guerre navale.

On peut dire que la Conférence de La Haye a réglé la première question soulevée par le rapport du professeur d'Espine, celle de l'établissement d'une «entente diplomatique», et ouvert la voie au développement pratique d'un système d'assistance de la Croix-Rouge aux souffrances de la guerre navale.

Avant d'examiner le rôle dévolu aux Sociétés de la Croix-Rouge au cours d'une guerre navale, il peut n'être pas inutile de résumer brièvement les dispositions permanentes prises, dans l'intérêt des malades et des blessés, dans une flotte telle que celle de la Grande-Bretagne.

1. Chaque navire de guerre, comme constituant une unité complète en lui-même, comprend des officiers du service médical, un personnel masculin d'infirmiers de marine (Sick Berth Staff), tous les instruments, dispositifs et médicaments nécessaires au traitement des malades et blessés, une salle d'infirmerie (Sick Bay), aménagée en un point convenablement choisi du navire, pour les opérations et les pansements. Étant données les conditions de la guerre, ces dispositions doivent être toujours maintenues, car les cas sont fréquents où on ne peut compter sur aucun secours auxiliaire.

2. Des navires-hôpitaux, soit consacrés de façon permanente, soit convertis temporairement à cet usage, sont aménagés pour le traitement et le transport des malades et des blessés.

3. Des hôpitaux de base (Base Hospitals) sont établis aux stations navales ou temporairement organisés sur des points convenablement choisis.

4. Un personnel auxiliaire d'infirmiers de la réserve navale (Naval Auxiliary Sick Berth Reserve) a pour mission de renforcer le personnel des infirmiers de marine (Sick Berth Staff) dans les hôpitaux et à bord en cas de danger national ou de guerre maritime.

Le navire-hôpital. — Il existe de nombreuses conceptions sur le rôle du navire-hôpital, et, en fait, ces navires ont un large domaine d'utilisation.

Leurs services les plus importants ont été jusqu'à présent : (*a*) soit le transport des malades et blessés aux hôpitaux des bases navales, soit leur rapatriement; (*b*) leur rôle d'hôpitaux flottants ancrés dans les ports.

Les services de ces navires-hôpitaux ont été amplement démontrés dans les guerres soutenues par la Grande-Bretagne et les autres nations, et n'ont pas besoin d'un long commentaire; mais il faut remarquer que l'expérience, quant à leur utilisation, a été surtout acquise au cours d'hostilités sur terre, comme auxiliaires de l'armée de terre, et que, par suite, l'importante question du rôle des navires-hôpitaux en temps de guerre maritime n'est pas complètement élucidée. La Grande-Bretagne ne les a utilisés qu'au cours d'hostilités où elle était maîtresse absolue sur mer; par conséquent, elle n'a pu se rendre compte dans la pratique des difficultés de transport et du risque de voir capturer par l'ennemi des officiers et des hommes utiles qui subiraient dès lors la neutralisation ou deviendraient prisonniers de guerre.

Aux Conférences précédentes, on a traité la question des secours à donner aux souffrances de la guerre navale dans les cas suivants: (*a*) pendant ou après les combats de haute mer; (*b*) pendant ou après des combats à proximité de la côte.

Le deuxième cas est comparativement simple, car on peut y utiliser l'expérience acquise jusqu'à présent dans l'utilisation des navires-hôpitaux, ainsi que toutes les dispositions générales prises par les sociétés de la Croix-Rouge pour les secours sur la côte.

Il ne réclame donc pas actuellement un examen aussi urgent que le premier.

Le problème des navires-hôpitaux en haute mer est beaucoup plus compliqué et difficile, bien que les diverses solutions proposées au cours des Conférences et ailleurs aient trouvé, durant les guerres récentes, spécialement pendant la guerre russo-japonaise, l'occasion d'un essai pratique. Il y a lieu d'espérer que la discussion qui va suivre fournira des renseignements de nature à mettre au point quelques-unes des conceptions exposées jusqu'ici sur ce sujet par des écrivains et des orateurs.

Aux navires-hôpitaux en haute mer deux rôles ont été assignés:

a. Celui de vaisseaux de sauvetage (Vessels of Succour) pour sauver les naufragés de la mort par noyade ou incendie.

b. Celui d'hôpitaux flottants et de transports de malades.

Les navires destinés à remplir la première de ces fonctions ne demandent pas un long examen, car l'expérience semble indiquer que l'emploi de tels navires est chimérique, et que le rôle qui leur est assigné ne peut être tenu que par des navires de guerre de la même escadre, à leur grand risque le plus souvent d'ailleurs.

Les difficultés d'emploi de tels navires commencent avant la bataille, car une grande vitesse et une ample provision de charbon leur seraient nécessaires pour croiser à de longues distances, et, dans les conditions actuelles, ils ne pourraient jamais se risquer en dehors de la protection de leur propre flotte sans s'exposer aux risques d'être visités et dépouillés de leur provision de charbon par quelque torpilleur ou destroyer ennemi qui viendrait à les rencontrer.

En raison de la grande portée de l'artillerie moderne, il ne leur serait jamais possible de se trouver dans un voisinage assez immédiat pour porter secours à l'équipage d'un vaisseau naufragé, sans courir le risque grave d'être mis hors de service ou de couler bas par un obus ; de plus il a été démontré que le temps mis par un navire de guerre, sérieusement endommagé, pour couler bas, n'est souvent qu'une question de quelques minutes, car durant l'action tant de navires sont plus ou moins en flammes que peu de commandants se résolvent à faire les signaux de demande de secours et à amener ainsi leur pavillon en temps voulu.

L'occasion peut par hasard se présenter de porter secours aux restes d'un navire mis hors de combat et flottant encore si, après un engagement, l'ennemi lui-même se trouve trop affaibli pour donner la chasse au vaincu, mais, même dans ce cas, ce rôle serait rempli dans de bien meilleures conditions par un navire de guerre, car le vaisseau de sauvetage (vessel of succour), alors même qu'il appartiendrait au vainqueur, courrait encore le risque d'être capturé, entraînant ainsi la neutralisation des officiers et des hommes qu'il vient de sauver.

Enfin de pareils navires exigeraient un tel équipement spécial en appareils et canots de sauvetage que leur efficacité, en tant que navires-hôpitaux proprement dits, s'en trouverait gravement compromise.

L'expérience récente semble démontrer que le sauvetage de l'équipage des vaisseaux qui sombrent ou qui brûlent au cours d'un engagement ou peu de temps après, doit être laissé aux navires de guerre, sauf dans le cas où la bataille a lieu tout près de la côte. Le seul espoir d'un équipage placé dans cette situation critique est dans un approvisionnement d'appareils de sauvetage aussi large qu'un navire de guerre en peut transporter, tels qu'agrès et dispositifs aidant à recueillir les hommes à bord et un équipement du genre de celui de la Marine russe où les hommes d'équipage reçoivent un matelas qui, replié autour du corps, permet à l'homme de surnager pendant quelques heures (c'est ainsi que durant la croisière de l'amiral Rojdestvensky un marin fut sauvé après avoir surnagé de la sorte pendant dix heures dans l'océan).

La preuve que les navires de guerre peuvent jouer ce rôle a été récemment fournie par les vaisseaux américains qui sauvèrent les équipages des bâtiments espagnols en flammes au large de Santiago de Cuba, et par les navires russes et japonais qui opérèrent le sauvetage de plusieurs centaines de marins russes dans le détroit de Tsu-Shima. On peut d'ailleurs trouver de semblables exemples en remontant beaucoup plus loin dans l'histoire navale.

Hôpitaux flottants et transports de malades en haute mer. — Même pour ces navires, dont l'utilisation ne peut être plus longtemps matière à simple spéculation, d'énormes difficultés existent qui doivent matériellement restreindre leur champ d'action.

Il est évident qu'on retire de leur emploi les avantages les plus manifestes : ils déchargent de leurs malades les navires de guerre en marche; ils offrent aux blessés, à la suite d'une action, de meilleures conditions de confort, d'hygiène pour les opérations chirurgicales; ils évitent la mauvaise influence qu'aurait vraisemblablement, sur les marins restés valides, la présence, à bord d'un navire de guerre, de camarades blessés; et ils permettent une économie de personnel par le groupement des services médicaux nécessaires.

Il est utile d'un autre côté de mentionner au moins quelques-uns des plus sérieux obstacles qui empêchent de tirer tout le parti possible de ces avantages, car il y a peut-être moyen d'atténuer ou de supprimer au moins quelques-uns d'entre eux.

Les navires-hôpitaux qui accompagnent une escadre ne doivent pas être inférieurs en vitesse aux meilleurs vaisseaux de guerre. Cette difficulté peut être levée en ce qui concerne les machines, mais il vient s'y joindre celle, plus importante, de la nécessité d'une abondante provision de charbon. On peut répondre qu'à ce point de vue le navire-hôpital partage ces difficultés avec les autres navires de l'escadre et jouit comme eux des mêmes possibilités d'y remédier; mais on doit se rappeler que les conditions de la guerre obligent le navire-hôpital à quitter l'aire de protection de l'escadre et qu'il court dès lors le risque d'être arrêté par les torpilleurs et destroyers ennemis et dépouillé par eux de son charbon et de son équipement. Jusqu'à ce que cette difficulté puisse être levée, la situation du navire-hôpital restera sans sécurité.

En ce qui concerne maintenant le droit de mouiller dans un port ennemi ou neutre pour faire du charbon, pour se réapprovisionner et pour déposer les malades et les blessés, tant que ce droit ne sera pas assuré, la réalisation d'un système idéal demeurera impossible. D'autre part, comme on ne peut bander les yeux à un navire comme à un officier du service médical qui se trouve dans le camp de l'ennemi sur terre, il n'est pas probable que ce droit sera volontiers accordé. À ce point de vue, d'ailleurs, le maintien d'une stricte neutralité par tous les intéressés est loin d'être une tâche aisée.

M. Hyades.

La franchise des droits de port soulèverait moins de difficultés, comme question secondaire, et celle de l'assurance a déjà été en grande partie réglée.

Je peux ajouter que la British Red Cross Society s'est adressée aux autorités de chacun des ports du Royaume-Uni pour leur demander si la franchise des droits de port serait accordée aux navires-hôpitaux en temps de guerre. Les réponses reçues déclarent, pratiquement à l'unanimité, que les autorités feraient toutes les concessions que la loi leur permet.

Enfin, étant donné son rôle pendant la bataille navale, un navire-hôpital doit être hors de la portée de l'artillerie, qui pourrait le mettre hors de service en un moment, alors d'ailleurs que les évolutions presque continuelles des navires de guerre, au cours d'une action navale, rendent impossible tout transfert des blessés à l'hôpital. Il est heureusement remédié en grande partie à cette difficulté pour le vaisseau-hôpital de se trouver hors de vue, par les moyens de communication qu'offre aujourd'hui la télégraphie sans fil. À la bataille de Tsu-Shima les navires-hôpitaux de la Croix-Rouge, l'*Orel* et le *Kostroma*, prirent position à l'arrière de la flotte russe, tandis que les navires-hôpitaux japonais *Saikio Maru* et *Kobe Maru*, qui se trouvaient en dehors de la zone dangereuse, arrivèrent après l'action et furent en mesure de faire d'utile besogne. Même dans un port, un navire-hôpital peut, en dépit de toutes les précautions, se trouver en une situation très dangereuse, comme, à Port-Arthur, le navire de la Croix-Rouge russe, *Mongolia*, qui fut atteint trois fois par l'artillerie ennemie, laquelle heureusement ne blessa qu'un homme, et le navire-hôpital *Angara*, qui fut coulé par des obus tirés de la côte, durant le bombardement de la forteresse.

Il reste à signaler que le transfert des blessés après une bataille peut être difficile ou même impossible si la mer n'est pas calme. Il s'ensuit que les premiers soins chirurgicaux, si importants, doivent être donnés, dans la plupart des cas, à bord des navires de guerre et que le navire-hôpital ne peut, en aucune façon, dispenser d'installer sur les navires de combat des salles d'infirmerie convenablement aménagées.

L'utilité du navire par la suite, en tant qu'hôpital et transport de malades, ne demande que peu de commentaires, mais il faut ajouter que, sauf dans le cas où ils seront maîtres absolus de la mer, les officiers d'une escadre hésiteront probablement à confier des hommes qui ne sont pas définitivement mis hors de combat, à un transport qui courra le risque de rencontrer des navires ennemis, lesquels feront prisonniers ou tout au moins frapperont de neutralisation pour le reste de la campagne des combattants utiles.

Le rôle des Sociétés de la Croix-Rouge. — En traitant la question de l'assistance aux malades et aux blessés des guerres navales, il faut avoir présent à l'esprit que l'étendue de l'action des Sociétés doit nécessairement varier suivant les différents pays, qu'elle peut même en certains cas être en raison inverse de l'importance et de la puissance de la flotte du pays considéré. En règle générale cependant, le rôle de ces Sociétés peut comprendre toutes les dispositions déjà mentionnées, sous réserve des variations propres à chaque nation.

Navires-hôpitaux. — En beaucoup de pays, le coût de tels navires sera trop élevé pour être supporté par les Sociétés, et dans ces pays les navires seront probablement fournis par le Gouvernement, celui-ci laissant aux Sociétés le soin de l'équipement et du personnel. L'expérience a d'ailleurs démontré qu'en dehors de ce moyen, dans beaucoup de pays, des Associations privées ou des Compagnies maritimes peuvent placer des navires à la disposition du Gouvernement.

Certaines questions se trouvent nécessairement soulevées au sujet de cette dernière classe de navires :

a. Le commandement suprême doit en rester naturellement aux mains du commandant en chef.

b. Le commandement particulier du navire, tout ce qui regarde la navigation et l'équipage, est naturellement du ressort du capitaine du navire. A l'officier en chef du service médical (Principal Medical Officer) doit appartenir le contrôle de son propre personnel d'infirmiers de bord (Sick Berth Staff), et son autorité doit prévaloir sur celle du capitaine pour toutes les dispositions concernant le bien-être des malades et blessés et la situation à occuper par le navire, tant que ces dispositions ne vont pas à l'encontre des nécessités stratégiques.

Dans la Marine japonaise, le P. M. O. jouit de pouvoirs très considérables à ce point de vue, recevant les ordres directement du commandant en chef et les transmettant au capitaine du navire. Un pouvoir à peu près identique a été donné au P. M. O. sur les navires-hôpitaux de la Grande-Bretagne agissant de concert avec les autorités militaires.

c. L'équipage (Navigating Staff) doit-il appartenir à la Marine de guerre ou être recruté dans la Marine marchande? Ce dernier recrutement est probablement non seulement préférable, mais nécessaire. Ce serait gaspiller les officiers et les marins de la flotte de guerre que de leur assigner de tels postes; de plus, dans une grande guerre maritime il n'y aurait aucun superflu d'officiers ou de marins et tous seraient nécessaires pour boucher les vides qui se produisent au cours de la campagne. En outre la plupart des officiers de la Marine de guerre ne s'accommoderaient pas volontiers de semblables fonctions.

Il y a intérêt à citer l'opinion exprimée par le baron Saneyoschi, directeur général des services médicaux de la Marine japonaise :

«Nous avons eu recours à des officiers de la Marine de guerre en plus des capitaines et équipages civils sur nos navires-hôpitaux; mais plus tard nous en avons retiré les combattants pour trois raisons :

«1° Parce que cela aurait pu soulever quelque contestation sur les termes de la Convention de La Haye;

«2° Parce que les officiers et marins de la flotte régulière auraient pu faire défaut sur les navires de guerre;

«3° Nous ne pouvions faire usage d'un code chiffré sur les navires hôpitaux, mais seulement du code de signaux universel, de telle sorte que des marins de la flotte de guerre n'étaient pas spécialement nécessaires.»

d. Le type de navire. — Il doit être déterminé en temps de paix, et l'équipement nécessaire pour la conversion des bâtiments de la Marine marchande doit être préparé et tenu en réserve. Les situations variables dans lesquelles peuvent se trouver ces navires eux-mêmes autorisent l'emploi de nombreux types pourvu qu'ils répondent aux conditions générales requises : bau suffisant, ponts longs et nets et séparés entre eux par l'intervalle nécessaire.

De tels navires marchands, reconnus aptes à ce service, ayant été choisis et notés dans le temps de paix, les autorités navales les convertissent en hôpitaux avec une rapidité remarquable. On en a eu toutes les preuves décisives dans l'équipement de vaisseaux comme la *Nubia* et le *Simla* pendant la guerre soutenue par l'Angleterre dans l'Afrique du Sud, et dans la conversion, à Port-Arthur, de deux bâtiments de la flotte volontaire russe en deux admirables navires-hôpitaux, l'*Angara* et le *Kazan*. De sept à quatorze jours ont, paraît-il, suffi pour cette transformation.

Si nous considérons cependant un type en particulier, le navire-hôpital qui doit accompagner la flotte en haute mer, il est désirable que chaque pays possède au moins un navire qui soit mis en service durant le temps de paix. Bien qu'alors on ne puisse guère lui faire jouer le rôle de transport de malades, son fonctionnement constant permet de faire l'expérience continue de ses aptitudes, de l'améliorer en chaque détail de son installation et de son équipement. En outre, ces navires de haute mer chargés de suivre une flotte ne devront pas provenir de la conversion de n'importe quel bâtiment qui présenterait les défauts inhérents à des vaisseaux conçus et bâtis pour d'autres rôles; mais ils devront être spécialement établis pour répondre aussi parfaitement que possible aux nécessités de leurs fonctions. Le rôle en effet de ces navires, qui peuvent avoir à recueillir en haute mer, dans les circonstances les plus difficiles, des hommes gravement blessés et malades, à les transporter et à leur donner des soins loin de tout port, n'est en aucune façon comparable à celui des navires-hôpitaux qui coopèrent avec une armée de terre.

e. Administration générale des navires-hôpitaux. — Il est désirable qu'à tous les points de vue, discipline, équipement et rations, tous les navires-hôpitaux se trouvent sur un pied d'égalité. Il faut éviter toute dissemblance dans l'aménagement général, l'alimentation et la rigueur de la discipline, entre les différents navires, surtout entre ceux qui proviennent de sources différentes. Sans aucun doute, il y a intérêt à favoriser une saine et active rivalité, en vue de maintenir chacun des navires dans le plus parfait état de préparation; d'autre part, le superflu provenant d'abondants subsides ou le relâchement de la discipline sur tel ou tel des navires doivent être particulièrement évités. Les donateurs ne sauraient trop se pénétrer de ce principe, et les Sociétés de la Croix-Rouge doivent donner dans cette voie un concluant exemple.

f. Personnel. — Dans le cas d'un service comme celui de la Marine, dont les membres sont comparativement en nombre restreint, c'est là que les Sociétés de la Croix-Rouge peuvent être du plus grand secours. Le nombre des officiers du service médical et des infirmiers des deux sexes, qui seront nécessaires dans une grande guerre, sera bien certainement supérieur à celui qu'une Marine a la possibilité de fournir. Il y a lieu de remarquer aussi que les vides causés dans les rangs des officiers du service médical et des infirmiers de bord sur les navires de guerre par la mort, les blessures, et peut-être la maladie, sont proportionnellement beaucoup plus grands que ceux qui se produisent dans une campagne sur terre, et ceci en raison même de leur présence inévitable au milieu de la bataille. Dans ce pays, la St. John's Ambulance Brigade et la St. Andrew's Ambulance Association Corps font aujourd'hui œuvre très utile à ce point de vue, en collaboration avec la Royal Naval Auxiliary Sick Berth Reserve.

Au sujet du personnel, l'instruction d'un certain nombre de cuisiniers mérite une considération spéciale, car il n'y a pas dans un personnel d'hôpital de membre plus important qu'eux ni plus difficile à remplacer en cas de détresse.

g. L'équipement d'un navire-hôpital qui accompagne la flotte de haute mer doit-il comprendre un matériel portatif de tente-hôpital susceptible d'être dressé sur la côte en cas de besoin ?

Plusieurs raisons semblent rendre ce dispositif des plus désirables; on peut en citer quelques-unes.

Il permettrait au navire-hôpital de s'établir librement dans des eaux dont l'éloignement du port lui fermerait l'accès, en raison des pertes de temps et des risques de rencontre avec des navires ennemis, que représenterait la traversée du port jusqu'à ces eaux.

Il remédierait à l'encombrement excessif.

Dans le cas où une épidémie éclaterait, il jouerait le rôle avantageux d'un hôpital d'isolement.

La flotte pourrait avoir à s'établir dans des eaux où le roulis et le tangage du vaisseau-hôpital seraient extrêmement nuisibles aux blessés et malades grièvement atteints. Dans ce cas, en outre, la flotte serait probablement près du rivage.

De tels hôpitaux ont été fournis dans le passé, en cas de nécessité, par les autorités militaires, mais, dans une grande campagne navale, on ne pourrait compter sur ce concours en raison de l'impossibilité de déterminer à l'avance les points où une pareille assistance pourrait être nécessaire.

h. Approvisionnements en vivres et pansements. — Les besoins sont ici à peu près les mêmes que ceux de la guerre sur terre, avec cette réserve que le matériel nécessaire aux premiers pansements est différent sur terre de ce qu'il doit être sur mer, où la rareté des blessures par balles et la fréquence, au contraire, des larges blessures et brûlures par projectiles d'artillerie nécessitent un type de pansement de dimensions beaucoup plus grandes.

i. Rôle des Sociétés de la Croix-Rouge aux bases navales et dans le cas de batailles navales à proximité de la côte.

L'assistance à fournir par les Sociétés dans les cas ci-dessus énoncés ne différera guère de celle qu'elles prêtent au cours d'une campagne sur terre, sauf en ce qui concerne le dernier détail.

Il y faudra de même des navires-hôpitaux, voire des trains-hôpitaux pour le transport des malades et blessés de la côte jusque dans l'intérieur du pays ou jusque sur des points plus appropriés, et dans ces conditions une large quantité de personnel est encore plus nécessaire qu'en haute mer.

Le recrutement de petites embarcations pour le sauvetage des hommes naufragés ou blessés, dans le cas d'une action se passant près de la côte, est devenu tâche plus aisée depuis que la situation de telles embarcations a été réglée par les articles de la Convention de La Haye. Les Sociétés de la Croix-Rouge, en obtenant d'utiliser de grands yachts à vapeur et autres bâtiments côtiers, ouvriront sans doute dans cette direction un large champ à leur activité.

En conclusion il peut être dit que, selon toute apparence, le nombre de tués et blessés de la guerre navale future sera affecté par ce fait, que les engagements auront lieu à de grandes distances, comme l'expérience en a déjà été fournie par les campagnes sur terre, ce qui revient à dire que la proportion s'en trouvera naturellement diminuée. Il a été établi que dans les engagements navals de Port-Arthur et du détroit de Tsu-Shima le pourcentage de tués et blessés n'a pas dépassé 25 p. 100.

VIIIe CONFÉRENCE INTERNATIONALE DE LA CROIX-ROUGE.

Rapport de M. Louis RENAULT, à la séance plénière du 13 juin 1907.

Mesdames et Messieurs,

La Commission constituée pour examiner ce qui concerne l'action de la Croix-Rouge sur mer a bien voulu me charger de vous rendre compte brièvement de l'échange de vues qui a eu lieu entre ses membres.

Elle a d'abord constaté que les garanties essentielles à l'action bienfaisante des Sociétés de secours avaient été obtenues par la Convention de La Haye de 1899, qui est, il ne faut pas l'oublier, le premier acte international ayant reconnu officiellement l'existence des Sociétés de secours.

Des membres ont fait remarquer que, par suite de la revision, opérée l'année dernière, de la Convention de Genève de 1864, il serait à désirer que l'on supprimât dans le texte de la Convention de 1899 la référence à cette Convention de 1864 destinée à disparaître par la ratification de la Convention du 6 juillet 1906, sans quoi des confusions seraient possibles. Si, à la prochaine Conférence de La Haye, il devait être touché au texte de la Convention de 1899, ce serait le cas d'en profiter pour mettre le titre et le préambule de cette Convention d'accord avec la situation actuelle. Comme il est à désirer que le lien entre les Conventions de Genève et de La Haye soit maintenu, qu'il y a pour cela une raison historique et un motif de reconnaissance, il conviendrait de renvoyer à la *Convention de Genève* sans indiquer de date.

La Commission a estimé qu'il n'y avait pas lieu de vous proposer à ce sujet une résolution spéciale. Ces explications parviendront probablement à la connaissance de quelque délégué à la Conférence de La Haye qui voudra bien les utiliser.

Il y a donc actuellement deux conventions pour l'assistance des blessés et des malades dans les guerres, la Convention de La Haye pour la guerre maritime et la Convention de Genève pour la guerre continentale.

Elles sont inspirées par des principes supérieurs communs qui sont adaptés à chaque domaine spécial de la guerre. Mais il ne faut pas croire que l'une ne peut s'appliquer qu'à l'armée de terre et que l'autre ne peut s'appliquer qu'à l'armée de mer; ce serait une erreur. Par exemple, il y a lieu de transporter par mer des blessés ou des malades de l'armée de terre : la condition des navires qui les transportent, des blessés ou des malades eux-mêmes, est réglée par la Convention de La Haye, bien qu'il ne s'agisse pas à proprement parler de victimes de la guerre maritime. À l'inverse, des marins blessés ou malades ont été débarqués ou ont été laissés à terre à la suite d'un engagement qui a eu lieu : c'est la Convention de Genève qui règle leur sort. Sur ces deux points, il ne saurait y avoir de difficulté.

C'est la Conférence de Genève de 1863 qui a mis en relief cette vérité que l'assistance privée n'était efficace que si elle avait été préparée et organisée sérieusement à l'avance.

L'improvisation ne peut que donner des résultats médiocres, en disproportion avec les sacrifices obtenus au dernier moment. Si cela est vrai pour l'assistance sur terre, cela est encore plus vrai pour l'assistance sur mer; la préparation y est à la fois plus nécessaire et plus difficile. La Conférence pourrait donc exprimer le vœu que, dans les divers pays, sous la forme qui leur conviendra, suivant leur organisation particulière, il s'établira des liens entre l'Administration de la Marine et les Sociétés de secours, de manière à permettre à celles-ci de fournir une assistance utile et d'obtenir les moyens nécessaires à l'exercice de leur action charitable. On ne peut préciser davantage parce qu'il s'agit d'une chose d'ordre essentiellement intérieur.

La Commission a pris connaissance avec grand intérêt du rapport du Dr Makins, qui lui a paru donner des renseignements très utiles sur ce qui a été fait et de précieux conseils sur ce qui pourrait être fait. Une discussion pourrait difficilement s'engager à ce sujet, et la Commission ne propose à la Conférence aucune résolution.

Elle croit seulement devoir appeler l'attention sur une partie du rapport du Dr Makins dont elle ne saurait en rien accepter la doctrine. Dans deux passages, le Dr Makins admet que les bâtiments-hôpitaux ne pourraient jamais se risquer en dehors de la protection de leur propre flotte sans s'exposer au risque d'être visités et dépouillés de leur provision de charbon par quelque torpilleur ou destroyer ennemi qui viendrait à les rencontrer. Sur le premier point, pas de difficulté, puisque la Convention de La Haye parle du droit de contrôle et de visite qui appartient aux belligérants sur les bâtiments-hôpitaux. Mais, sur le second point, nous ne saurions trop énergiquement protester. Non, un torpilleur ou un bâtiment de guerre quelconque ne saurait dépouiller un bâtiment hospitalier de sa provision de charbon; ce serait contraire au texte et à l'esprit de la Convention de La Haye. Comment pourrait-on dire qu'un tel bâtiment est respecté, quand on le dépouille? Sans doute on peut faire telle hypothèse, dans laquelle un bâtiment-hôpital serait suspect en raison de la quantité de charbon dont il est chargé et qui est en disproportion absolue avec ses besoins. Mais alors on est dans un ordre d'idées différent. On peut soutenir que le bâtiment dont il s'agit est sorti de sa mission hospitalière et s'est mis au service de sa flotte de guerre pour lui procurer le charbon dont elle a besoin. Il y aurait alors perte de l'immunité parce que la condition de cette immunité n'est plus observée. Mais c'est là une exception et il faut maintenir résolument le principe général tout à fait contraire à ce qui semble affirmé dans le rapport du Dr Makins.

Il n'y a pas lieu d'énoncer une proposition qui serait votée par la Conférence, il suffit que notre protestation accompagne ce rapport.

En conséquence, la Commission vous propose d'adopter la résolution suivante :

La Conférence exprime le vœu que, dans les divers pays, sous la forme qui leur conviendra, suivant leur organisation particulière, il s'établisse des liens entre l'Administration de la Marine et les Sociétés de secours, de manière à permettre à celles-ci de fournir une assistance utile et d'obtenir les moyens nécessaires à l'exercice de leur action charitable.

Aussitôt après cette lecture qui avait été écoutée avec le plus vif intérêt et la plus grande attention, je déclarai : «En qualité de Représentant du Ministère de la Marine français, j'accepte pleinement avec ses conséquences la proposition présentée par M. le professeur Renault.» Des affirmations analogues furent également exprimées par MM. Rho (Italie), de Knesebeck (Allemagne), de Loqui (République Argentine), donnant successivement l'assurance des efforts qui seront poursuivis dans leurs pays pour la réalisation du vœu proposé. L'adoption de ce vœu fut immédiatement décidée par la Conférence.

On pourrait terminer ici l'exposé des travaux de la Conférence en ce qui concerne la Marine. Toutefois, il semble de quelque utilité de reproduire, à propos de l'attribution des prix de l'Impératrice Marie Féodorowna, le rapport qui a été lu à la séance plénière du 15 juin, *et dont les conclusions ont été entièrement approuvées par la Conférence.* Ce document servira de transition naturelle entre les deux premières parties de cette étude, puisqu'il propose d'améliorer et de préciser les conditions dans lesquelles aura lieu le prochain concours :

VIIIe CONFÉRENCE INTERNATIONALE DE LA CROIX-ROUGE.

Rapport de M. le Dr FERRIÈRE,

sur le concours fondé par S. M. l'Impératrice Marie Féodorowna.

Mesdames et Messieurs,

Le Jury international désigné par le choix des Comités centraux pour décerner le prix du «Fonds international de la Croix-Rouge, Impératrice Marie Féodorowna», s'est réuni, à partir du 10 juin, à Londres, sous la présidence de S. E. M. de Martens, remplacé, à son départ pour la Conférence de La Haye, par S. E. M. le professeur

Zoegé de Manteuffel, désigné par le Comité central de la Croix-Rouge de Russie.

M. le professeur Guyon, désigné par le Comité central de la Croix-Rouge française comme juré au concours, empêché, a été remplacé par M. le Dr Lortat-Jacob, médecin principal de 1re classe de l'armée, membre du conseil de la Société française de secours aux blessés militaires.

D'après l'article 2 des statuts du «Fonds Marie Féodorowna», le Jury avait pour mission de décerner trois prix «pour les inventions ayant pour objet la recherche et le relèvement des blessés, sur terre et sur mer, les moyens de transport des blessés les plus rapides et les moins pénibles pour eux, aux postes de secours les plus rapprochés, puis leur évacuation définitive».

L'article 9 des statuts spécifie en outre que : «les prix institués pour le concours coïncidant avec l'exposition de 1907 sont au nombre de trois, qui seront distribués à ceux qui auront présenté, en tout ou partie, la meilleure solution du problème des secours à apporter aux blessés, le moyen le plus prompt et le plus sûr de rechercher et de relever les blessés sur le champ de bataille, sur terre et sur mer, les meilleurs types de civières et de véhicules pour transporter les blessés aux postes de pansement avec la plus grande rapidité et le moins de souffrance possible pour les blessés, ou les moyens de sauvetage sur mer, les meilleures installations dans les ambulances, les wagons, à bord des navires, etc., pour l'évacuation définitive».

La somme mise à la disposition du Jury s'élève à 20,722 roubles 35 kopeks, somme qui représente l'intérêt capitalisé pendant les cinq dernières années, du don de 100,000 roubles de S. M. l'Impératrice Marie Féodorowna de Russie.

Il y a lieu de déduire de cette somme une part des frais nécessités par l'exposition organisée dans le Prince's Hall à Earl's Court, par les soins du Comité central de la Croix-Rouge anglaise, en vue du concours. L'ensemble des frais s'élève à la somme de £ 500. Le Comité central de la Croix-Rouge anglaise ayant voulu assumer la moitié des frais de l'exposition, la somme à déduire de ces frais à la charge du «Fonds Marie Féodorowna» s'élève donc à £ 250, soit 2,350 à 2,400 roubles environ.

Le Jury international n'a pas eu d'autres frais pour ce concours.

Il reste donc une somme de 18,350 à 18,400 roubles à la disposition du concours.

Sur cette somme, le Jury propose à la VIIIe Conférence d'attribuer 18,000 roubles aux trois prix institués par les statuts du concours et le reste, soit 350 à 400 roubles (tout ou partie), à la confection de diplômes et de mentions honorables dont il sera question plus loin.

Vous avez admiré, Mesdames et Messieurs, l'excellente ordonnance de l'exposition d'Earl's Court, et vous serez d'accord avec nous en adressant au Comité central anglais et, en particulier, au dévoué président du Comité d'organisation de la Conférence, M. J. Danvers Power, nos plus sincères remerciements pour le grand travail qu'a exigé cette remarquable exposition.

Plusieurs Comités centraux et un grand nombre d'exposants individuels ont pris part au concours, et l'on peut d'ores et déjà apprécier la portée considérable qu'a et qu'aura dans l'avenir la bienfaisante initiative de S. M. l'Impératrice Marie Féodorowna pour la vitalité et le développement des Sociétés de la Croix-Rouge et le bien des malheureuses victimes de la guerre.

Les objets exposés au Prince's Hall sont au nombre de près de 200, dont environ 150 ont pris part au concours.

Comme vous avez pu le constater, Mesdames et Messieurs, quelques Sociétés de la Croix-Rouge, ainsi que l'ambulance des Chevaliers de Saint-Jean de Jérusalem en Angleterre, ont contribué d'une façon très remarquable à l'intérêt de cette exposition.

Le Jury international, ne pouvant, aux termes des statuts, décerner des prix à des «collectivités», mais devant les attribuer aux seuls «inventeurs», propose à la Conférence de remettre à quelques-unes de ces Sociétés, à titre de reconnaissance pour leur coopération si efficace et comme témoignage de l'importance de leurs travaux, des diplômes d'honneur.

Nous vous proposons, de ce chef, de décerner des diplômes d'honneur :

À la Croix-Rouge de Russie, pour sa très remarquable exposition de l'organisation et du matériel sanitaire employés pendant la campagne de Mandchourie;

À la Croix-Rouge allemande, pour sa belle exposition de modèles de trains ambulanciers;

À la Croix-Rouge italienne, pour sa très intéressante et suggestive exposition de photographies et diagrammes rappelant la campagne antimalarique qu'elle poursuit avec autant d'activité que de succès depuis nombre d'années dans la campagne romaine;

À la Croix-Rouge japonaise, pour l'exposé remarquable qu'elle a fait de son activité pendant la dernière campagne, en regard du programme tracé pour le concours de S. M. l'Impératrice Marie Féodorowna;

Enfin, à la «Saint John Ambulance Association», en témoignage de notre admiration, pour l'œuvre considérable qu'elle a accomplie déjà dans nombre de guerres et de calamités publiques.

Le Jury international du concours Marie Féodorowna a pris connaissance, en outre, du remarquable mémoire «sur l'organisation prussienne du service sanitaire de la guerre, sur l'organisation des brancardiers et sur le règlement concernant l'assistance volontaire en Prusse», mémoires qui lui ont été soumis par le délégué du Comité central d'Allemagne, M. le professeur Pannwitz. Le Jury a été fort sensible à l'aimable attention dont il a été l'objet, et il prie le Generalstabsarzt der Armee, le Dr Scherjerning, de vouloir bien accepter ses meilleurs remerciements pour la marque de bienveillance qui a été témoignée à ses travaux par l'envoi de si importants documents.

Pour ce qui regarde les moyens de secours admis au concours, le Jury international a établi, suivant l'article 9 des statuts, les trois catégories suivantes :

1° Les moyens de transport immédiats sur le champ de bataille, brancards, appareils pour relever les blessés et articles pour le premier pansement;

2° Les moyens de transport immédiat depuis les postes de pansement jusqu'aux trains sanitaires ou jusqu'à l'ambulance, chariots et voitures diverses pour le service de la guerre;

3° Les transports en chemin de fer et les installations d'ambulance, les tentes, baraquements et postes de secours.

D'emblée, le Jury a constaté que pour établir une répartition judicieuse et équitable entre les objets exposés, il y avait lieu de considérer dans les catégories prévues à l'article 9, et qui comportent déjà une subdivision entre les moyens de secours en usage sur terre et ceux employés sur mer, d'autres distinctions encore, telles que celles résultant de la nature du sol : pays de montagne ou de plaine; du climat : pays froids ou pays chauds; des conditions extérieures : guerres en pays civilisés ou en pays sauvages, etc. Les besoins en matériel de secours dans des éventualités aussi différentes les unes des autres comportent une adaptation toute spéciale qui empêche les comparaisons, au point de vue du mérite et de l'utilité, entre des objets de même désignation.

À l'unanimité, le Jury international a donc estimé qu'il restait bien dans l'esprit des statuts du concours et des intentions de l'auguste donatrice, en qualifiant, pour chacun des trois prix de 6,000 roubles, deux *ex æquo* ayant droit à 3,000 roubles chacun; cela permet ainsi de récompenser, dans chacune des catégories, les inventeurs ayant le mieux possible répondu aux besoins, eu égard aux conditions dans lesquelles ils se trouvaient.

En conséquence, Mesdames et Messieurs, le Jury international du fonds de l'impératrice Marie Féodorowna vous propose de proclamer les récompenses suivantes :

Un prix de 6,000 roubles pour aménagement de chariots pour les secours aux blessés :

Ex æquo.	M. le général C. O. Melan.	M. le général C. O. Melan (Russie), pour une charrette finlandaise à 2 roues, dite système Waldberg Spennert, avec brancard pour transport des malades et blessés (cette voiture, d'une construction très solide bien que légère, a fait ses preuves en Mandchourie).
	M. le colonel H. Hathaway.	M. le colonel H. Hathaway (Angleterre), pour un fourgon d'ambulance dit «Tonga», avec aménagement de tentes en guise de poste de secours (ce fourgon a rendu de grands services dans les Indes Orientales pendant les dernières campagnes).

Un prix de 6,000 roubles pour brancards et leur aménagement pour le transport :

Ex æquo.	M. le Dr Auffret.	M. le Dr Auffret (France), pour son brancard dit «gouttière Auffret» pour le transport des blessés à bord des vaisseaux (ce brancard a été adopté dans la Marine française).
	M. Linxveiler.	M. Linxveiler (Allemagne), pour ses différents systèmes de suspension élastique des brancards dans les wagons de chemin de fer et sur les chariots.

Un prix de 6,000 roubles pour construction et aménagement des baraquements ou tentes et postes de secours :

Ex æquo.	MM. Christoph et Unmack.	MM. Christoph et Unmack (Allemagne), pour la baraque démontable dite de Doecker, modifiée et perfectionnée par eux.
	M. le Dr Boland.	M. le Dr Boland (Hollande), pour l'aménagement d'un poste de secours et de transport sur bicyclettes.

Il restait, Mesdames et Messieurs, parmi les moyens de secours exposés pour le concours, différents objets dignes tout au moins d'être remarqués. Le Jury, limité par le nombre des prix, mais désirant témoigner son approbation à quelques-unes de ces inventions, propose à la Conférence de décerner des mentions honorables à quatre exposants :

M. Biagi (Italie), pour un brancard pliant;

M. Weber (Suisse), pour un brancard démontable;

La «St John Ambulance Association», pour un brancard sur roues;

M. le Dr Matignon (France), pour son adaptation en sifflet de la plaque d'identité du soldat.

Ajoutons, pour terminer, que le Jury a été appelé, à regret, à rejeter quelques appareils fort ingénieux, de bonne fabrication, mais ne répondant pas suffisamment aux besoins de la guerre, où les moyens de secours qui méritent la désignation de «les meilleurs», aux termes des statuts, sont aussi les plus simples et les plus faciles à réparer sur place.

Plusieurs de ces appareils trouveront, pour les besoins de la vie civile, une adaptation excellente et peuvent être recommandés comme tels.

Mesdames et Messieurs,

Les statuts du fonds de l'Impératrice Marie Féodorowna prescrivent à l'article 3 que : «La prochaine Conférence internationale de la Croix-Rouge aura à statuer sur la question de savoir s'il convient de maintenir également pour l'avenir cette destination des prix, ou bien s'il y aura lieu de les affecter, en outre, à telle ou telle invention dans le vaste domaine des secours à apporter aux malades et blessés. Ainsi, ajoute cet article, il appartiendra à chacune des futures Conférences internationales de la Croix-Rouge de spécifier les inventions ou perfectionnements auxquels ces prix pourraient être attribués», — et à l'article 10 : «Le Jury formulera des propositions concernant le nombre futur des prix et leur mode de répartition. Il appartiendra à la 8e Conférence de statuer à titre définitif sur la destination et le montant des prix.»

Conformément à ces articles, le Jury international du fonds de l'Impératrice Marie Féodorowna propose à la 8e Conférence de maintenir les trois catégories adoptées pour le concours actuel, en ce sens que :

La première catégorie comporterait : les secours en première ligne (brancards, premiers pansements);

La deuxième catégorie : les secours aux étapes ou sur la seconde ligne (moyens de transport sur roues, chariots, ou bateaux et postes de secours);

La troisième catégorie : les services aux arrière-postes, ambulances, baraquements, etc.

Le Jury propose en outre qu'il soit, à l'avenir, porté une attention spéciale à l'utilisation pratique sur le terrain des objets exposés, attendu que la présentation seule d'un appareil ne saurait en faire apprécier la valeur réelle. En tous les cas, le Jury estime que les moyens de secours qui auraient été démontrés en activité de travail devront avoir la préséance sur les articles dont les jurés n'auront pu apprécier eux-mêmes le fonctionnement.

Dans le même ordre d'idées, le Jury propose d'instituer, lors de la prochaine exposition, un concours d'exercices d'improvisation avec tels matériels donnés à exécuter devant le Jury. Cette innovation nous semble bien entrer dans le programme du concours et aurait une portée très heureuse sur l'instruction du personnel des Sociétés de la Croix-Rouge.

D'autre part, le Jury propose que des sujets spéciaux soient à l'avenir suggérés aux recherches des concurrents; de la sorte différents moyens de secours pourraient arriver, à l'occasion de chaque concours, au maximum de perfectionnement qu'ils comporteraient en ce moment.

Le Jury propose à cet égard pour le prochain concours un choix entre les sujets suivants :

1° Organisation des méthodes d'évacuation des blessés sur le champ de bataille, comportant une économie aussi complète que possible en brancardiers;

2° Lavabos portatifs pour la guerre ;

3° Méthodes de paquetage des pansements dans les postes de secours et dans les ambulances;

4° Brancards à roues;

5° Port du brancard à dos de mulet;

6° Brancard pliant facilement portatif;

7° Transport des blessés entre les vaisseaux de guerre et les bateaux-hôpitaux et la côte.

Le Jury propose d'autre part à la Conférence qu'à l'occasion des prochaines expositions quinquennales, ne soient admis à concourir pour les prix que des objets au sujet desquels il n'aurait pas été fait de publication avant la Conférence précédente. Il importe en effet, à l'avenir, de limiter nettement ce qui doit être considéré comme invention nouvelle.

En outre, le Jury estime que, pour le prochain concours, les objets exposés en nature, de grandeur normale et prêts pour l'usage, devront avoir la préséance, au point de vue des prix, sur les objets exposés en réductions. Exception sera faite, naturellement, pour les objets d'un transport trop difficile ou trop embarrassant : wagons, bateaux, etc.

Pour éviter un encombrement des expositions par des articles ne rentrant pas nettement dans le cadre du concours, il conviendra en outre qu'à l'avenir tous les objets admis au concours aient été acceptés par le Comité central de la Croix-Rouge du pays d'où ils proviennent.

Enfin, vu la diversité des moyens de secours suivant qu'ils s'appliquent sur terre ou sur mer, en pays chaud ou pays froid, en plaine ou en montagne, en pays civilisé ou en pays sauvage, etc., il conviendra à l'avenir d'augmenter le nombre des prix, tout en conservant à trois prix principaux une importance prépondérante.

Nous proposons en conséquence à la 8e Conférence, admettant que la somme disponible pour les prochains concours soit égale à celle du concours actuel, soit environ 18,000 roubles, de constituer :

1 premier prix de 6,000 roubles;

2 deuxièmes prix de 3,000 roubles chacun;

Et 6 troisièmes prix de 1,000 roubles chacun.

Aux termes des statuts, la Conférence aura à prendre une décision à cet égard; mais sans doute conviendra-t-il, par déférence pour l'auguste bienfaitrice de la Croix-Rouge, de connaître auparavant les intentions de Sa Majesté l'Impératrice Marie Féodorowna, à laquelle nous adressons encore, en terminant, l'expression de notre plus profonde reconnaissance pour sa bienfaisante initiative.

Dans la partie suivante de cette étude, je parlerai des améliorations à prévoir pour l'organisation des futures Conférences. Cette question a été inscrite parmi celles dont la Croix-Rouge britannique a demandé la discussion. Son importance ne saurait être mise en doute; son développement pourrait occuper un gros volume. Je me bornerai à signaler les points principaux relatifs à la préparation des Conférences, et en particulier les données paraissant les plus utiles à connaître pour ceux de nos camarades appelés à être délégués plus tard à ces assemblées. Il y aura lieu, à ce point de vue, d'examiner spécialement le rôle du Comité international de Genève, le rôle des délégués du Gouvernement et la situation *actuelle* de la Croix-Rouge relativement à la Marine, en se rappelant l'avertissement sévère donné autrefois par l'auteur d'une notice historique sur le Comité international : « Infiniment rares sont les hommes qui ont parlé de la Croix-Rouge en pleine connaissance de cause »[1].

II. PRÉPARATION DES FUTURES CONFÉRENCES.

J'ai fait allusion précédemment à quelques points faibles constatés dans l'organisation de la VIIIe Conférence. Ils ne doivent donner lieu à aucun regret, si l'expérience acquise à Londres permet d'en éviter le retour, par une meilleure préparation des futures Conférences. Ils portent essentiellement sur les embarras causés par l'absence d'une direction permanente, et sur les retards dans la remise des rapports imprimés.

Le but principal de cette étude est de mettre, dans l'avenir, les représentants de la Marine aux Conférences de la Croix-Rouge en garde contre les difficultés qui constitueraient un obstacle à la bonne exécution de leur mandat. Ce serait une grave illusion de penser qu'elles seront toutes solutionnées par les considérations qui vont suivre. Je n'ai pas eu entre les mains tous les éléments nécessaires pour un exposé complet et définitif de la question, sur laquelle il me suffira de donner les renseignements que je possède, en ajoutant quelques idées personnelles à propos de certains détails.

D'ailleurs, comme tout ce qui existe, les Conférences de la Croix-Rouge sont soumises aux lois de l'évolution et se modifient avec le temps. Instituées d'abord uniquement pour maintenir une certaine cohésion entre les Sociétés nationales et

(1) Compte rendu de la 3e Conférence tenue à Genève du 1er au 6 septembre 1884, p. 255.

améliorer les secours aux seules victimes des guerres, elles sont restées fidèles à cette noble mission; mais, en outre, actuellement, une partie de leur activité s'emploie à d'autres œuvres d'assistance. Quelques personnes insuffisamment averties protesteraient volontiers contre cette extension donnée aux idées premières; qui ne voit cependant que la Croix-Rouge soutient ainsi le zèle de ses adhérents, les misères ou calamités sociales étant toujours fréquentes, alors que les périodes de guerre peuvent s'espacer à de longs intervalles?

L'histoire de la Croix-Rouge a été écrite bien des fois; elle ne paraît pas suffisamment connue. Elle devrait être familière à tous les habitants des pays civilisés; elle le deviendra sans doute par les efforts des Comités nationaux. C'est à eux qu'il appartient de la vulgariser de plus en plus, en demandant, au besoin, son entrée dans le plan des études primaires.

Si elle s'est déroulée, depuis 1863, avec une prospérité sans cesse croissante, en restant fidèle à ses principes d'origine, elle le doit au dévouement du Comité international de Genève, et aussi au succès des Conférences internationales qui ont maintenu les hautes traditions de leur début, avec les seules modifications indispensables pour obtenir des résultats toujours meilleurs.

Le fait même que la Croix-Rouge britannique a inscrit l'*organisation des Conférences internationales* dans le programme de Londres prouve la ferme volonté de marcher constamment dans la voie du progrès.

Voici le rapport fait sur ce sujet à la VIIIe Conférence, le 14 juin, par M. Danvers Power. On remarquera ses développements sur le concours pour le prix de l'Impératrice Marie Féodorowna et sur les expositions internationales de la Croix-Rouge installées en conformité de la décision prise à Saint-Pétersbourg en 1902. Il est à désirer que ces observations reçoivent la plus grande publicité possible pour être bien connues de toutes les personnes intéressées; parmi celles-ci se trouveront sans doute quelques-uns de nos camarades de la Marine encouragés par le succès, au concours de 1907, de M. l'inspecteur général du Service de santé de réserve Auffret.

À cet égard, les idées exposées par M. Danvers-Power complètent utilement le rapport du Dr Ferrière qui a été reproduit ci-dessus, sur l'attribution des prix à décerner tous les cinq ans, *aux auteurs des meilleures inventions ayant pour but d'atténuer les souffrances des militaires blessés ou malades.*

L'ORGANISATION DES CONFÉRENCES INTERNATIONALES,

PAR M. J. DANVERS POWER.

Comme c'est, jusqu'à un certain point, sur moi qu'a reposé le soin de préparer la VIIIe Conférence internationale de la Croix-Rouge, je me permets d'émettre ici quelques idées qui pourront être utiles à d'autres dans l'avenir.

La préparation d'une Conférence internationale comporte nécessairement de nombreux détails, et la plus légère erreur, une simple communication égarée, peut entraîner de considérables ennuis. Et de fait, ce sont ces questions infimes en apparence qui compliquent en grande partie le travail; mon intention est de montrer comment la tâche peut être divisée avec avantage pour ceux qui en sont responsables, aussi bien que pour le travail lui-même.

Les préparatifs d'une Conférence internationale se divisent logiquement en deux catégories :

1° Questions qui ne peuvent être traitées que dans la ville même où siégera la Conférence;

2° Questions se rapportant à la préparation des travaux de la Conférence et qui peuvent être traitées par correspondance, d'un centre convenablement choisi.

En ce qui concerne les questions qui ne peuvent être traitées que sur place, le Comité central du pays dans lequel se tient la Conférence doit se charger naturellement de préparer le local nécessaire aux réunions, et, cela va sans dire, de prendre toutes les dispositions pour s'acquitter des agréables devoirs de l'hospitalité vis-à-vis des délégués.

Mais la préparation des travaux mêmes de la Conférence serait, à mon sens, beaucoup mieux conduite par un centre permanent et suivant une méthode uniforme; c'est sur ce point que je désire attirer l'attention.

Je proposerais que les avis préliminaires concernant une Conférence internationale (car des invitations sont en réalité inutiles quand il y a droit de présence) fussent expédiés par le Comité international; les noms de tous les délégués devraient lui être transmis à une date convenable pour qu'il pût informer le Comité central du pays où se tiendra la Conférence, du nombre de délégués à recevoir. Il serait désirable de fixer une limite aussi bien pour le temps que pour le nombre, car les noms de nouveaux délégués sont envoyés presque à la dernière minute, ce qui rend difficiles les dispositions finales à prendre pour les sièges et autres détails. La même remarque s'applique aux avis concernant les sujets de discussion, aux documents à imprimer et à corriger, et aux autres communications pour la Conférence : tout cela devrait être transmis au Comité international, lequel serait chargé de surveiller l'impression et d'adresser le nombre nécessaire d'exemplaires au siège de la Conférence.

La nomination et la convocation de la Commission spéciale et du Jury international pourraient s'opérer de la même manière, des instructions précises étant envoyées au Comité central du pays où se tiendra la Conférence pour faire connaître combien d'employés, secrétaires, etc., seront nécessaires à ces groupes et au bureau. Mais je pense aussi que le Comité international devrait être chargé de la nomination du sténographe français et surtout de celle de l'interprète adjoint au président pour la communication à la Conférence du résumé des discours faits en une autre langue que le français. Il est extrêmement difficile de trouver pour cela quelqu'un de compétent et nous devons considérer comme une chance inespérée d'avoir pu nous assurer la collaboration du Dr Émile Reich.

Le soin de réunir les matériaux du rapport final, la préparation et l'impression de celui-ci, qui constitue un important volume, devraient incomber au Comité international pour que de tels rapports soient uniformes.

Il serait particulièrement désirable que toute la préparation de l'exposition et du concours de l'Impératrice Marie Féodorowna fût conduite suivant des principes uniformes par un même centre. Au sujet de l'exposition, je voudrais montrer que le problème à résoudre est, de toute façon, difficile. Il n'y a pas de date limite pour la réception des adhésions et notre propre expérience prouve que la limite que nous avions proposée ne fut pas, en de nombreux cas, respectée. Le souci de ne pas sembler manquer d'obligeance entraîne une énorme correspondance et oblige à modifier beaucoup de dispositions. Les candidats aux prix de l'Impératrice Marie Féodorowna auraient pu être bien plus nombreux, ce qui aurait nécessité un grand hall dont la location aurait été presque impossible à Londres, si ce n'est en prévenant longtemps à l'avance. Et, par contre, si on avait exigé de prévenir très longtemps à l'avance, les concurrents dont les inventions sont de date récente se seraient trouvés écartés.

De plus, le caractère de l'exposition générale n'est pas clairement défini. Si on a l'intention de l'ouvrir aux maisons de commerce dont le but primordial est de vendre leurs marchandises, il serait nécessaire d'organiser une large exposition de type commercial, ce qui serait une très vaste entreprise, entraînant un gros travail et une longue préparation. Je pense que, quel que soit le caractère des expositions futures, la liste des admissions devrait être définitivement close quelques mois avant l'ouverture et qu'il devrait être entendu que (sauf en ce qui concerne les exposants prenant part au concours) le Comité se réserve le droit, dans un délai raisonnable, de donner avis qu'il n'y a plus de place pour une exposition particulière. En tout cas, les formules d'admission indiquant l'espace demandé, la valeur à assurer et les instructions pour l'expédition devraient être reçues au Comité international et envoyées par lui; à une date donnée il informerait le Comité central de l'espace demandé et le chargerait de préparer un local, de retenir des agents pour recevoir et disposer les envois des exposants, de recruter tout le personnel nécessaire, de s'occuper de la publicité, etc. Je serais tenté de penser que le règlement actuel demande à être revisé, car quelques-uns de ses articles sont très difficiles à appliquer. Par exemple, l'un énonce que : «le Comité central de chaque pays se charge de la réception et de l'envoi à ses frais des objets présentés au concours par ses nationaux». Il ne dit pas clairement si cela s'applique aussi aux envois des candidats aux prix de l'Impératrice Marie Féodorowna. Ce serait bien qu'il en fût ainsi. Il y a lieu d'examiner en outre la question de messagerie dans le pays où doit avoir lieu l'exposition. Dans le cas d'une exposition, il faut en effet clairement déterminer si les exposants sont tenus de livrer leurs envois à la porte de l'exposition, tous droits payés, ou si la Société de la Croix-Rouge doit recevoir les lettres de chargement, régler les droits de douane et s'occuper du camionnage. Il faut se rappeler que les prix de l'Impératrice Marie Féodorowna atteignent un total considérable et que nous avons affaire au public non d'un seul pays, mais du monde entier, qui doit être traité d'une manière uniforme, connue d'avance, et non avec des variations dans les détails, ce qui a nécessairement lieu quand il s'agit chaque fois de l'œuvre d'un pays différent.

Il y a quelques questions de moindre importance que soulève l'organisation d'une Conférence internationale, et il y aurait avantage à ce qu'il fût établi que ces questions seront du ressort du Comité international.

Telles sont, par exemple, l'aptitude de certains envois à concourir pour les prix, l'étendue de l'emplacement que chaque exposant a le droit de solliciter.

Je terminerai ces remarques, qui n'ont d'autre but que d'être utiles à autrui dans l'avenir, en rappelant à la Conférence que le succès de toute organisation, qu'il s'agisse d'affaires de la plus haute ou de la plus modeste importance, dépend de la clarté des instructions déterminant ce qui doit être fait, par qui ce doit être fait et devant qui chacun des collaborateurs est responsable en dernier ressort. La seconde de ces conditions semble avoir été la seule entièrement remplie jusqu'à présent. Pratiquement, tout le travail doit être assuré par le Comité central du pays où se tient la Conférence, et la British Red Cross Society a eu le plus grand plaisir à faire de son mieux. Il sera, je l'espère, bien compris que rien n'est plus loin de notre pensée que de suggérer que nous aurions aimé, en ce qui nous concerne, être déchargés de quelque partie que ce soit de notre tâche. Notre idée est simplement qu'il aurait été préférable pour ceux qui sont intéressés à son succès que le travail de préparation eût été conduit de la façon que je me suis permis d'indiquer.

Je dois également ajouter que nous avons reçu les renseignements les plus complets du Comité international sur toutes les questions que nous lui avons soumises, et nous avons les plus grandes obligations à M. Paul des Gouttes pour sa constante amabilité et sa promptitude à répondre à nos demandes. Néanmoins, il n'a été que notre conseiller, et, en un mot, mon opinion est que nous aurions pu mieux faire si nous avions été dirigés par une autorité centrale pour mener à bien la préparation des travaux de la Conférence elle-même. À défaut de cette direction, dans une ou deux circonstances, nous avons été assez gravement embarrassés en quelque sorte en recevant des demandes opposées, relatives au même objet. Tel a été particulièrement le cas pour la convocation du Jury international; en l'absence de règlements précis, il a été absolument impossible de satisfaire les désirs de chacun des membres du Jury.

Je n'ai pas abordé la question financière, sachant que chaque Comité central supporte de grand cœur les frais de la Conférence internationale qu'il organise. La question sur laquelle j'appelle l'attention a trait simplement au fonctionnement des rouages chargés d'exécuter le travail d'organisation; que chaque Comité central ait à supporter totalement certains frais une fois dans l'espace de plusieurs années ou que chaque Comité y contribue annuellement pour une plus faible somme, ce n'est là, semble-t-il, qu'un détail sans grande importance.

Les idées exprimées par M. Danvers Power furent approuvées par toute l'assemblée. M. de Knesebeck (Allemagne), demanda en outre la fixation d'un minimum de quinze jours, avant l'ouverture de la Conférence, comme extrême délai pour la remise des rapports au Comité d'organisation.

Cette mesure, qui obtint aussi l'assentiment unanime de la huitième Conférence, est d'une importance capitale; elle permettra aux délégués de prendre connaissance, utilement et sans hâte excessive, des travaux présentés. Le délai-limite fixé pour le dépôt des rapports doit s'appliquer à tous les documents, imprimés, notices, extraits, etc., destinés à renseigner les délégués sur tel ou tel sujet. Il serait vraiment regrettable de ne pouvoir examiner qu'à la dernière heure les documents importants, si nombreux et si variés, mis en distribution. La motion proposée et adoptée aura pour résultat de supprimer, à l'avenir, cet inconvénient, qui a été vivement ressenti à Londres.

Un autre point, qui n'a pas été signalé et sur lequel il me paraît nécessaire d'appeler l'attention, c'est l'utilité de former les Commissions spéciales au cours de la séance d'ouverture. On se rappelle, en effet, que si la Commission de la Croix-Rouge sur mer n'a pu réunir à Londres que les deux tiers de ses membres, c'est uniquement parce que la désignation de cette Commission a été faite par le Bureau de la Conférence après que la séance d'ouverture eut été levée. Les communications des membres qui ont été absents auraient offert sans doute un très vif intérêt, tous étant animés du plus grand zèle pour les progrès de l'activité maritime de la Croix-Rouge.

De plus, l'éventualité d'une Commission de ce genre devrait être annoncée quelque temps avant la réunion de la Conférence, de manière que les délégués ayant des titres à être membres de la Commission puissent préparer leurs communications et fournir les documents spéciaux à leur pays.

J'insiste sur ce sujet, à cause de l'évidente utilité de constituer, à chaque Conférence future, une Commission de la Croix-Rouge sur mer. Tous les délégués sans exception accordent leur sympathie aux progrès de la Croix-Rouge dans ce sens, mais les moyens pour réaliser ces progrès demandent à être examinés avant les séances plénières, en raison des difficultés à résoudre, insuffisamment connues d'un grand nombre de membres de l'assemblée, devant laquelle les propositions ne doivent être apportées qu'après une mise au point longuement préparée.

Cette étude s'adressant surtout à mes camarades de la Marine, peut-être convient-il ici de les prévenir que la Commission dont je parle serait en majorité extra-médicale et resterait sur le terrain des mesures générales à soumettre à l'assemblée internationale avec le seul objectif des améliorations à obtenir pour la parfaite adaptation des secours de la Croix-Rouge aux victimes des guerres maritimes. Les Conférences de la Croix-Rouge ne sont pas des congrès médicaux. Elles se composent, en majorité, de personnalités siégeant au nom des Gouvernements ou des Comités centraux pour s'occuper de questions dans lesquelles les médecins n'ont pas une voix prépondérante. Sur 157 délégués inscrits dans la liste de la huitième Conférence, ils atteignaient seulement le total de 47; ce nombre se décomposait en 27 médecins sur 50 délégués de Gouvernement, 19 sur 102 délégués de Comité central et 1 sur 5 délégués du Comité international.

En outre, sur 33 sujets à discuter inscrits au programme de la huitième Conférence, les trois suivants avaient seuls un caractère particulièrement médical : participation de la Croix-Rouge à la lutte contre la tuberculose (Dr Ferrière, rapporteur); œuvre des bons pansements (professeur Guyon, rapporteur); activité de la Société japonaise de la Croix-Rouge durant la guerre russo-japonaise.

Les médecins délégués ne peuvent songer à former dans l'assemblée un groupe spécial, qui serait en quelque sorte extra-parlementaire. Le règlement ne le permettrait pas; beaucoup d'autres raisons encore s'y opposeraient. Il suffira, pour s'en convaincre, de jeter les yeux sur les considérations suivantes, relatives au Comité international de Genève et au rôle des délégués.

Comité international de Genève. — Son origine remonte au 9 février 1863, date à laquelle, sous l'inspiration de M. Henri Dunant et sur l'initiative de la *Société genevoise d'utilité publique*, une Commission fut nommée à Genève pour organiser des associations fortement établies, destinées en cas de guerre à venir en aide au service sanitaire officiel insuffisant à donner aux blessés tous les secours désirables[1]. Cette Commission provoqua une conférence internationale qui réunit à Genève, le 26 octobre 1863, les délégués de 14 Gouvernements, 6 mandataires d'associations charitables et quelques personnalités parmi lesquelles M. G. Moynier, dont la collaboration devait être particulièrement importante. Là furent prises, à l'unanimité, des résolutions pour former, dans chaque pays, une Société de secours aux blessés militaires, sous la direction d'un Comité central, et avec le même insigne pour tous les pays. Dix mois plus tard ces efforts aboutirent à un magnifique résultat : les représentants de 16 Gouvernements rédigeaient à Genève, le 22 août 1864, le texte de la célèbre Convention. La France, qui avait appuyé auprès de tous les Gouvernements la réunion de cette Conférence diplomatique, fut la première à ratifier la Convention.

Avec l'adhésion générale, le Comité de Genève, présidé par M. G. Moynier, prit le nom de Comité international; il sert de lien entre les différentes Sociétés de la Croix-Rouge, et, soutenu par le Gouvernement fédéral suisse, il entretient des relations avec les États. Son action constitue, seule, l'œuvre internationale permanente de la Croix-Rouge, les Sociétés de secours étant, à l'intérieur de leurs pays respectifs, des fondations essentiellement nationales. Ses services sont reconnus de tous et il continue à justifier l'éloquent hommage

[1] J. Lacointa, Compte rendu de la IIIe Conférence internationale de la Croix-Rouge tenue à Genève du 1er au 6 septembre 1884, p. 20-41.

Voir aussi *Notice historique sur le Comité international*, *ibid.*, p. 247-257.

que déjà, le 24 septembre 1887, le marquis de Vogüé lui rendait en ces termes : «Il y a un fait qui domine l'histoire des origines et du développement de l'œuvre de la Croix-Rouge. C'est l'existence à Genève d'un Comité spécial dont l'action ne s'est manifestée que par des services, qui a su mériter le respect de tous par son désintéressement, son activité, l'efficacité avec laquelle, pendant la guerre et pendant la paix, il a su intervenir pour nouer des relations entre les Sociétés nationales, pour susciter des dévouements et répandre les grands principes qui sont la base même de notre œuvre[1]. »

Ses délégués ont bien tous les titres à figurer en première ligne et à la place d'honneur dans les Conférences internationales dont il assure, pour une grande part, la continuité et le succès. Sa tâche diffère du tout au tout de celle des Comités nationaux. Elle est particulièrement délicate et demande une sollicitude toujours en éveil, secondée par une intelligence très avertie. Une partie de ses attributions est mise en relief dans le rapport de M. Danvers Power sur l'organisation des futures Conférences. Cependant, pas plus maintenant qu'à son origine, il ne peut s'appuyer sur aucun texte de loi ; il n'est régi par aucun accord international. On a dit que c'était un enfant qui avait reçu le baptême, mais dont la naissance n'avait jamais été enregistrée à l'état civil et dont la situation était aussi extraordinaire qu'irrégulière. « Comment expliquer, en effet, proclamait le 24 septembre 1887, M. de Martens, à Carlsruhe, qu'une telle institution ait pu s'établir et envoyer des délégués dans les différents pays? Comment a-t-elle pu établir des agences internationales et avoir tous les droits à l'estime et à la confiance de toutes les Sociétés de la Croix-Rouge et des Gouvernements? . . .

« Je ne connais aucune partie de la jurisprudence ou de la science humaine à laquelle puisse se rattacher l'institution qui s'appelle le Comité de Genève[2]. »

[1] Compte rendu de la IVe Conférence internationale des Sociétés de la Croix-Rouge tenue à Carlsruhe, du 22 au 27 septembre 1887, p. 87.

[2] Compte rendu de la IVe Conférence internationale des Sociétés de la Croix-Rouge, p. 95.

On comprend qu'un tel sujet, inscrit sous le n° 3 au programme de la IVe Conférence, à Carlsruhe, ait donné lieu à une discussion très vive, quoique très courtoise.

Déjà à la Conférence de Genève, en 1884, un rapport présenté par M. Ador (Comité international) sur «les principes généraux devant présider aux rapports et aux communications des Comités centraux entre eux» avait soulevé certaines objections de principe de la part des délégués russes, qui proclamaient «la nécessité absolue d'une institution internationale parfaitement neutre dont l'autorité fût reconnue par les Puissances signataires de la Convention de Genève». Sur la proposition du comte Sérurier (France), les conclusions de MM. Ador (Comité international) et d'Oom (Russie) furent renvoyées à l'examen des Comités centraux pour être discutées à la prochaine Conférence.

La discussion s'ouvrit à Carlsruhe sur le vu d'un rapport de M. Ador résumant l'opinion des Comités centraux en très grande majorité favorables au maintien du Comité international tel qu'il existait depuis 1863, et après lecture des conclusions présentées par le marquis de Vogüé (France) au nom de la Commission spéciale à l'étude de laquelle on avait renvoyé cette importante question.

Le Comité central russe, énergiquement appuyé par M. de Martens, délégué du Gouvernement impérial de Russie, proposait de faire reconnaître par les Gouvernements le Comité international de Genève en lui attribuant des fonctions bien déterminées. La séance du 24 septembre 1887 a été entièrement consacrée à discuter cette proposition; les arguments pour et contre ont été développés avec la plus grande éloquence, d'un côté par MM. de Martens et d'Oom (Russie), de l'autre, par MM. le marquis de Vogüé (France), Cérésole, délégué du Gouvernement suisse. Le résultat de ces débats très importants a été le vote de la résolution suivante, présentée par le Comité international lui-même : «Dans l'intérêt général de la Croix-Rouge, il est utile de maintenir, tel qu'il existe depuis l'origine de l'œuvre, le Comité international qui siège à Genève.»

Ce vote n'impliquait pas une reconnaissance formelle, mais

il était la constatation solennelle d'un fait existant, et dont la IVe Conférence tenait à assurer le maintien : cela résulte des explications précises de M. le marquis de Vogüé, parlant en qualité de président et de rapporteur de la Commission chargée d'examiner le rôle du Comité international. C'était, en somme, la transformation du provisoire en état de choses définitif. Par la même décision, la IVe Conférence a décidé que le Comité international aurait, comme précédemment, le champ d'activité indiqué ci-après :

a. Travailler à maintenir et à développer les rapports des Comités centraux entre eux;

b. Notifier la constitution des nouvelles Sociétés nationales après s'être assuré des bases sur lesquelles elles sont fondées;

c. Publier le *Bulletin international*, organe des Sociétés de la Croix-Rouge;

d. Créer, en temps de guerre, une ou plusieurs agences de renseignements aux bons offices desquelles les Sociétés nationales puissent recourir pour faire parvenir des secours en argent ou en nature, aux blessés des armées belligérantes;

e. Prêter, en temps de guerre, s'il en est requis, son entremise ou celle de ses agences aux Sociétés nationales des belligérants pour la transmission de leur correspondance.

Le Comité international est établi sur ces bases.

Il réclamait depuis de longues années la revision de la Convention de 1864; le Gouvernement fédéral suisse a fait les démarches préliminaires pour cette revision et la nouvelle Convention de Genève a été signée le 6 juillet 1906 [1]. Elle a consacré (art. 10) l'existence des Sociétés de secours, qui n'avait pas été mention-

[1] *Semaine médicale*, 11 juillet 1906 : Rapport de M. Louis RENAULT à la Conférence internationale pour la revision de la Convention de Genève, Texte de la nouvelle Convention pour l'amélioration du sort des blessés et malades dans les armées en campagne, p. 327-336.

née dans la Convention de 1864, mais elle est restée muette en ce qui concerne l'existence du Comité international, dont le rôle, précisé à Carlsruhe, ne semble plus devoir être discuté dans l'avenir.

Ce rapide aperçu constitue, semble-t-il, le minimum de ce que doit connaître, sur ce sujet, tout délégué aux Conférences internationales de la Croix-Rouge.

Rôle des délégués. — Ce rôle est indiqué dans le Règlement définitif des Conférences reproduit ci-après, adopté après discussions approfondies par la Conférence de Vienne en 1897, et ensuite par la Conférence de Saint-Pétersbourg en 1902 sans autre modification que la suppression d'un article interdisant toute proposition de discuter le texte de la Convention de Genève.

Règlement pour les Conférences internationales de la Croix-Rouge.

Article premier. Seront membres de la Conférence avec faculté de prendre part aux délibérations et aux votations :

a. Les représentants des Comités centraux et du Comité international;

b. Les représentants des Puissances signataires de la Convention de Genève;

c. Les personnes que le Comité central chargé d'organiser la Conférence aura expressément invitées, en considération de la situation qu'elles occupent ou des services qu'elles auront rendus à l'œuvre de la Croix-Rouge.

Art. 2. Les décisions seront prises à la majorité des membres présents. Toutefois, lorsque la votation par État sera demandée par un Comité central ou par un des représentants des Puissances, la votation par État sera obligatoire.

Chaque Comité central et chaque Gouvernement a droit à une voix; il en est de même pour le Comité international.

Art. 3. Les orateurs auront la faculté de s'exprimer dans leur langue nationale. Il est cependant à désirer qu'on se serve de la langue française.

Les discours prononcés dans une langue autre que le français seront résumés oralement, par des interprètes, en français, et s'il y a lieu, dans la langue du pays où siégera la Conférence.

Art. 4. Vu la brièveté du temps consacré aux délibérations, les orateurs ne pourront garder la parole pendant plus d'un quart d'heure, sauf le cas d'autorisation spéciale accordée par l'assemblée.

Les rapporteurs des différentes propositions auront la parole au commencement et à la fin des discussions qui les concernent.

Art. 5. Le bureau de la présidence fixera l'ordre du jour de chaque séance.

Art. 6. Les propositions étrangères au programme ne pourront être admises que si elles ont été annoncées, dès la veille, à la présidence et signées par cinq membres appartenant à des États différents et d'accord avec le bureau de la Conférence.

Art. 7. Les membres de la Conférence qui désireront prendre la parole devront donner leur nom aux secrétaires.

La parole sera accordée par le président, suivant l'ordre d'inscription.

Art. 8. La discussion sur chaque sujet sera close dès que tous les orateurs inscrits auront pris la parole ou lorsque la proposition de clôture, appuyée par cinq membres de la Conférence, aura été adoptée par l'assemblée.

Art. 9. Un procès-verbal succinct de chaque séance sera soumis à l'approbation de l'assemblée dans la séance suivante.

Des procès-verbaux détaillés et complets seront ensuite publiés par le Comité central qui aura organisé la Conférence et communiqués aux Comités centraux, au Comité international et aux Gouvernements signataires de la Convention de Genève.

Commission spéciale des délégués.

Art. 10. Au sein de chaque Conférence internationale sera constituée une Commission spéciale, composée de délégués du Comité international et des différents Comités centraux.

Art. 11. Aucun Comité ne pourra être représenté par plus de trois membres dans cette Commission et chaque Comité n'y comptera que pour une voix, quel que soit le nombre de ses représentants.

Art. 12. Les noms des délégués devront être communiqués officiellement, par chaque Comité central, à la présidence du Comité du pays où siégera la Conférence, avant l'ouverture de cette dernière.

Art. 13. La Commission sera installée par le président du Comité du pays où siégera la Conférence et sera présidée définitivement par le président de l'assemblée. Un vice-président et un secrétaire seront nommés par la Commission elle-même à la majorité des suffrages.

Art. 14. Les attributions de la Commission des délégués seront :

1° D'arrêter avant l'ouverture de la Conférence de quelle manière et de combien de membres devra être formé le bureau de la présidence et de choisir le président, les vice-présidents et les secrétaires.

Ces nominations seront soumises à la ratification de l'assemblée générale ;

2° De proposer à l'assemblée d'introduire dans le règlement les modifications de détail et les additions qui pourraient être indiquées par les circonstances ou les conditions locales ;

3° D'arrêter l'ordre dans lequel les diverses questions et propositions présentées à la Conférence devront être mises en discussion ;

4° De statuer sur les questions et sur les propositions qui lui seront renvoyées par l'assemblée.

Art. 15. Les procès-verbaux de la Commission des délégués seront publiés avec ceux de la Conférence.

Ce règlement est remarquable par sa clarté. Il indique en termes concis le rôle important de la Commission spéciale composée de délégués du Comité international et de délégués des différents Comités centraux. Sur ce point, aucun commentaire ne serait ici à sa place.

L'article premier, énumérant les trois catégories de membres de la Conférence qui peuvent prendre part aux délibérations et aux votes, mentionne, en seconde ligne, *les représentants des Puissances signataires de la Convention de Genève*, et l'article suivant dispose que chacun d'eux a le droit de demander le vote par Etat. C'est tout et c'est suffisant pour préciser les droits des délégués de Gouvernement, lesquels, dans la liste des membres, précèdent toujours les délégués de Comités centraux, par simple prescription protocolaire. Cependant, parmi les délégués de Gouvernement eux-mêmes, beaucoup hésitent sur le caractère et l'importance de leur rôle ; quelques-uns, siégeant en outre comme délégués de Comité central, n'interviennent qu'en cette dernière qualité dans les délibérations, estimant sans doute que le premier titre s'applique à des personnages presque uniquement décoratifs et muets. Si cette idée était exacte, elle renforcerait l'appréciation émise par le Dr Auffret parlant de la Conférence de 1892 à Rome (1) :

« . . . Nous essayons encore de comprendre ces représentants des Marines envoyés officiellement, à grands frais, par leurs Gouvernements pour entendre de nouvelles et importantes choses sur l'activité maritime de la Croix-Rouge, et se bornant en fin de compte à leur renvoyer la prière plus que platonique de vouloir bien s'en occuper eux-mêmes. »

Dans ce cas, chaque État aurait avantage à se faire représenter sans déplacement et sans frais par son attaché militaire, son attaché naval et tout autre fonctionnaire de son ambassade dans la ville où se tient la Conférence, au lieu d'envoyer des représentants choisis dans le Corps de santé de l'Armée et de la Marine ou parmi les hauts fonctionnaires de la métropole.

Je ne m'arrêterai pas à discuter ce sujet. L'hésitation signalée n'a pu se produire que grâce à une connaissance imparfaite du rôle des délégués de Gouvernement, et il faut bien avouer que la nature de leur mission n'est nulle part expliquée nettement. Pour l'apprécier en toute connaissance de cause, outre les articles 1 et 2 du Règlement des Conférences, on a les comptes rendus des précédentes assemblées dans lesquelles les délégués de Gouvernement ont manifesté leur intervention, et on peut se référer utilement à la discussion sur les articles précités, à la Conférence de Vienne en 1897.

Voici un extrait de plusieurs de ces documents qui permettra, je pense, d'éclairer cette question délicate. Je me bornerai à citer les textes que j'ai sous les yeux, à partir de 1884 :

À la Conférence de 1884, à Genève, les délégués de Gouvernement : comte Sérurier, docteur Zuber (France), Dr T. Longmore (Grande-Bretagne), conseiller d'État de Martens (Russie), ont pris la part la plus importante dans les délibérations, et sont intervenus à maintes reprises, soit pour soutenir ou pour combattre les propositions formulées, soit pour présenter des propositions nouvelles à propos des sujets discu-

(1) C. Auffret, Les secours aux blessés et aux naufragés des guerres maritimes, *Revue maritime et coloniale*, 1894, t. 120, p. 79.

tés. Quelquefois seulement ils ont fait la restriction suivante : « Je ne parle pas ici comme représentant du Gouvernement, mais en mon nom personnel [1]. » Plusieurs fois, ils ont demandé le vote par appel nominal. Dans la Commission spéciale des délégués à cette Conférence, on voit figurer aussi le comte Sérurier (Espagne), parce qu'il cumulait la délégation du Gouvernement (France) avec celle du Comité central pour l'Espagne. Je ne mentionne pas les délégués, assez nombreux, représentant en même temps le Gouvernement et le Comité central de leur pays. Je suppose qu'ils n'ont pris la parole qu'en cette dernière qualité, à moins de déclaration contraire très explicite de leur part, ce qui, à ma connaissance du moins, ne s'est pas présenté.

À la IVe Conférence, en 1887 à Carlsruhe, les délégués de Gouvernement : Dr Von Coler (Allemagne), Dr Chambé, Dr Hyades (France), Dr Von Sommer (Italie), conseiller d'État de Martens (Russie), colonel Céresole (Suisse), ont également contribué dans une large mesure aux travaux de l'assemblée. Au cours de l'importante discussion sur le rôle du Comité international, M. de Martens (Russie) fut amené à déclarer : « Afin de prévenir tout malentendu, je dirai que je n'ai aucun mandat de mon Gouvernement pour défendre ce projet; mais je suis absolument convaincu d'agir selon les vœux de mon Gouvernement en exprimant toutes mes sympathies au projet en question [2]. » Dans toutes ses autres interventions, très nombreuses, il a parlé, sans restriction, comme délégué du Gouvernement.

Dans la liste des membres de cette Conférence de Carlsruhe, l'un des deux délégués du Gouvernement des États-Unis est Miss Clara Barton, présidente de l'*American National Association of the Red Cross*; elle fit, à la séance plénière du 27 septembre 1887, une communication intéressante sur la « protection de la Croix-Rouge contre les abus ».

(1) M. de Martens, Compte rendu de la IIIe Conférence internationale des Sociétés de la Croix-Rouge tenue à Genève, p. 85.

(2) Compte rendu de la IVe Conférence internationale des Sociétés de la Croix-Rouge, tenue à Carlsruhe, p. 95.

En 1897, à la Conférence de Vienne, M. le conseiller intime de Martens représentait en même temps le Gouvernement et le Comité central de Russie. Il invoqua ce double mandat à la séance plénière du 20 septembre 1897, en prononçant les paroles suivantes [1] : « En ma qualité de délégué du Gouvernement impérial de Russie, ainsi qu'en qualité de délégué du Comité central de la Croix-Rouge de Russie, je m'associe chaleureusement à l'œuvre de charité que la Croix-Rouge poursuit. C'est précisément par le respect pour l'œuvre de la Croix-Rouge et par le désir sincère de sauvegarder l'autorité morale des décisions des Conférences de la Croix-Rouge que je me vois forcé de faire quelques observations et réserves sur le Règlement proposé à la Conférence [2] et que j'ai l'honneur de prendre la parole afin de donner lecture de la déclaration suivante . . .

« Le soussigné, en qualité de délégué du Gouvernement « impérial de Russie à la Conférence de Vienne, ainsi qu'en « qualité de délégué du Comité central de la Croix-Rouge de « Russie, a l'honneur de déclarer que par respect de la dignité « de son pays il se voit obligé, à son grand regret, de s'abstenir « absolument de prendre part aux votations sur toutes les ques- « tions mises à l'ordre du jour de la VIe Conférence internatio- « nale de la Croix-Rouge de Vienne.

« J'ai l'honneur de demander l'insertion *in extenso* de cette déclaration au procès-verbal de cette séance. »

Si M. de Martens s'abstint de voter à Vienne, il n'en prit pas moins la part la plus active à tous les travaux de la VIe Conférence internationale des Sociétés de la Croix-Rouge. M. le professeur Louis Renault, seul, intervint dans les débats de cette assemblée avec l'unique mandat de délégué de Gouvernement (France). Il le fit sans restriction, ou bien en avertissant qu'il parlait en son nom personnel, et son intervention

(1) Compte rendu de la VIe Conférence internationale de la Croix-Rouge, p. 172.

(2) Il est question ici du Règlement en vigueur à la VIe Conférence et non pas du Règlement définitif qui fut adopté le 24 septembre 1897 pour les futures Conférences et qui rend obligatoire le vote par État quand ce vote est demandé par un Comité central *ou par un représentant des Puissances.*

fut toujours des plus intéressantes. Sa déclaration à la séance plénière du 27 septembre 1897, dans la discussion du *Règlement définitif des Conférences futures*, mérite d'être reproduite ici textuellement, avec la réponse immédiate de M. le Dr Lœw, délégué de la Société autrichienne de la Croix-Rouge [1].

« M. le professeur Renault (France) :

« Je désire présenter une observation générale sur le projet du Règlement et comme je pense qu'elle sera en désaccord avec l'opinion de la grande majorité de la Conférence, je demande sa bienveillance spéciale. Je serai très bref. Il s'agit de régler les *Conférences internationales des Sociétés de la Croix-Rouge*. Il me semblerait donc que leurs résolutions devraient être prises par les délégués de ces associations et seulement par ces délégués. La conséquence nécessaire de ce point de vue est qu'il faudrait exclure de la votation les délégués des Gouvernements et le Comité international. Les délégués officiels peuvent jouer un rôle très utile, éclairer l'Assemblée, s'éclairer eux-mêmes et éclairer leurs Gouvernements, appuyer auprès de ceux-ci les résolutions qu'ils jugent utiles. Mais là, dans mon opinion, devrait se borner leur rôle, qui est essentiellement celui de **témoins**. Quant au Comité international, il joue le rôle le plus utile, que je n'ai pas besoin de rappeler et de louer; il sert d'intermédiaire aux Sociétés de secours, mais il n'est pas lui-même une Société de secours. Dans les congrès des Unions internationales officielles, il y a un bureau international qui joue également un rôle très important, qui prépare les travaux de la Conférence, qui assiste à celle-ci, fournit les renseignements nécessaires, mais ce bureau ne vote pas. Je crois donc que le même rôle devrait être assigné au Comité international sans qu'il en résulte pour celui-ci une infériorité ou une défaveur. »

« M. le docteur Lœw (Autriche) :

« Je suis d'avis que nous ne pouvons et ne devons pas nous rallier aux déclarations de mon honorable préopinant. C'est

(1) VIe Conférence internationale des Sociétés de la Croix-Rouge, Vienne, 1897, p. 239-240.

bien aimable de la part de M. le professeur Renault s'il veut, malgré sa qualité de représentant d'un Gouvernement, renoncer au droit qu'il possède de voter. Je crois toutefois que nous commettrions une inconséquence si nous venions à accepter sa proposition. Le représentant du Gouvernement russe, qui a été aussi celui du Comité central russe, a dit qu'il représente un Gouvernement et que la dignité du Gouvernement exige que son représentant puisse aussi provoquer un vote. Comme Son Excellence ne se trouve plus parmi nous et que les délégués des Comités centraux et les présidents de toutes les Sociétés ont, de parfait accord, accepté tous les articles du Règlement, même celui qui fait l'objet de ce débat et par lequel le représentant d'un Gouvernement n'est pas seulement un témoin muet de la séance, mais bien au contraire peut, par son droit de vote, documenter qu'il est d'accord avec les résolutions de la Conférence, je suis d'avis que nous devons maintenir l'article premier dans la rédaction proposée.»

«M. le conseiller d'État Becchi (Italie), *rapporteur du projet de Règlement définitif pour les Conférences futures* :

«Après ce que vient de dire si justement M. le docteur Lœw, il ne me reste plus rien à ajouter.»

À la VIIIe Conférence à Londres, le Dr Wise (États-Unis), le Dr Hyades (France), le Dr Rho (Italie) présentèrent d'utiles communications en qualité de délégués de Gouvernement.

A ce titre, je fus conduit à intervenir au début de la séance plénière du 15 juin 1907, à propos de mon avant-projet de propositions sur l'activité maritime de la Croix-Rouge inséré par erreur dans le programme du 10 juin, en tête des «sujets à discuter» indiqués par la France. Je déclarai à cette occasion : «Les délégués de Gouvernement n'ont pas de propositions à formuler avant les Conférences, pas plus qu'ils n'ont de rapport à établir. En ce qui me concerne, dès que j'ai reçu ma désignation de délégué, j'ai simplement exposé dans une correspondance avec plusieurs membres des Comités centraux quelques idées préalables sur la difficile question de l'activité maritime de la Croix-Rouge. C'est évidemment dans la hâte de l'impression que ces idées ont été insérées *par erreur* au programme du 10 juin sous le titre de Propositions personnelles. . . »

« M. le marquis DE VOGÜÉ, président :

« Acte est donné à M. le délégué du Gouvernement Hyades, des observations qu'il vient de présenter et qui seront reproduites au procès-verbal. »

Les documents qui précèdent, extraits de comptes rendus officiels et isolés des discussions générales, ont évidemment un caractère d'aridité qui pouvait faire hésiter sur l'opportunité de les grouper et de les reproduire. Ils méritaient cependant d'être réunis (on pourrait même désirer les voir plus nombreux encore), dans le but d'éclairer et de renseigner sur leur rôle les délégués de Gouvernement appelés à siéger, pour la première fois, à une Conférence internationale de la Croix-Rouge. Ils permettent un certain nombre de conclusions qu'il est possible d'énoncer sous la forme suivante, en s'appuyant sur l'autorité du Règlement définitif des Conférences et sur les traditions admises jusqu'à ce jour :

A. Les délégués de Gouvernement ont droit de prendre part aux délibérations et aux votes; ils peuvent demander le vote par État pour toute décision que la Conférence aurait à prendre;

B. Ils peuvent, au même titre que les délégués du Comité central, faire partie de Commissions spéciales désignées par la Conférence pour l'étude de questions déterminées, mais ils ne peuvent être chargés du rapport à présenter au nom de ces Commissions;

C. Ils ont le droit d'intervenir dans toutes les discussions, de faire des communications ou des propositions à propos de tous les sujets inscrits au programme de la Conférence, mais ils n'ont pas le droit de faire des rapports ou d'introduire des propositions nouvelles avant l'ouverture des débats, pas plus qu'ils n'ont le droit de présenter un rapport sur les sujets à discuter.

D. Ils peuvent parler soit en leur nom personnel, soit comme délégués de Gouvernement; dans tous les cas, ils se rappelleront que leurs paroles engagent en quelque manière, tout au moins moralement, le Gouvernement qu'ils représentent et dont ils doivent obtenir d'avance l'assentiment pour les déclarations qu'ils ont le projet de faire devant l'assemblée;

E. Ils pourraient utilement, avant la réunion de la Conférence, se mettre en relation avec le président du Comité central de leur pays, et lui indiquer les idées qu'ils ont l'intention de développer devant la Conférence sur telle ou telle question du programme. On ne saurait admettre en effet que leur intervention soit en désaccord, dans une réunion internationale, avec les doctrines ou les préférences du Comité central de leurs nations.

F. Ils n'oublieront pas que la Commission spéciale des délégués a dans ses attributions la surveillance et la direction des travaux de la Conférence (article 14 du Règlement); qu'ils n'ont absolument pas à intervenir à ce sujet, mais que, dans certains cas, même avant l'ouverture de la Conférence, ils peuvent trouver avantage à un échange d'idées *en leur nom personnel* avec des membres de cette Commission spéciale.

III. RAPPORTS ACTUELS DE LA CROIX-ROUGE ET DE LA MARINE.

Il serait intéressant, à coup sûr, d'indiquer la situation exacte de la Croix-Rouge relativement à la Marine, à l'heure actuelle, dans les différents pays.

Je n'ai pu, malheureusement, réunir à cet égard qu'un petit nombre de données.

La septième résolution de la Conférence de Saint-Pétersbourg en 1902 prescrivait aux Sociétés de la Croix-Rouge d'informer de la suite donnée par elles aux vœux de cette assemblée «le Comité international et le Comité central qui convoquera la Conférence suivante pour que celui-ci puisse saisir cette Conférence des réponses qu'il aura reçues».

Voici, en ce qui concerne la Marine, un extrait du fascicule de 14 pages consacré à ce sujet et qui a été distribué à Londres vers la fin de la VIIIe Conférence.

Pour l'intelligence de ces citations il n'est pas inutile de reproduire le passage suivant de la résolution II de Saint-Pétersbourg. La VIIe Conférence «rappelle aux Sociétés de la Croix-Rouge des pays maritimes que pour pouvoir remplir avec succès la mission que la Convention de la Haye confie à leur dévouement, elles doivent s'y préparer activement pendant la paix, en s'assurant soit par des affrètements directs, soit par des conventions avec le Gouvernement dont elles relèvent, avec les Compagnies de navigation ou les particuliers, soit par une entente avec les Sociétés de sauvetage, l'usage de navires et d'embarcations propres à l'assistance des blessés et des malades et au sauvetage des naufragés, soit à la suite des combats livrés à proximité des côtes, soit à la suite des combats livrés en haute mer, et en s'assurant également en temps de paix les services d'un personnel spécial, compétent et dévoué».

Voyons comment les Sociétés de la Croix-Rouge, en différents pays, ont répondu à ce vœu :

Allemagne. — Comité central des Associations allemandes de la Croix-Rouge. — Berlin, 25 avril 1906. — ..... L'administration de la Marine allemande nous communique déjà, officiellement et régulièrement, ce que, en cas de mobilisation, nous aurions à entreprendre dans l'intérêt de la Marine. En conséquence, nous tenons prêt le matériel d'aménagement et le personnel nécessaire pour des lazarets de Marine de même que pour un navire-hôpital.

Autriche. — Société autrichienne de la Croix-Rouge. — Vienne, 19 mai 1904. — ..... La Société autrichienne de la Croix-Rouge s'est assuré un navire propre à l'assistance des blessés et des malades et au sauvetage des naufragés. Elle s'est assuré également en temps de paix un personnel spécial compétent et dévoué, grâce aux Sociétés locales de la Croix-Rouge dans les villes maritimes du littoral autrichien et de la Dalmatie qui s'engagent aussi à soigner les blessés et les malades sans distinction de nationalités, recueillis par les bâtiments hospitaliers pendant les combats navals.

Vienne, 25 février 1907. — . . . . Le Ministère de la Guerre impérial et royal d'Autriche-Hongrie accepte chaleureusement la proposition d'étendre les Principes et la Convention de Genève aux guerres maritimes, mais croit devoir attendre de la VIIIe Conférence l'exacte précision de cette question. . .

Danemark. — Société danoise de la Croix-Rouge. — Copenhague. — . . . Comme le Danemark possède une flotte de commerce assez nombreuse, la fourniture, au commencement d'une guerre, de navires et d'embarcations propres à l'assistance des blessés et des malades et au sauvetage des naufragés ne fera point de difficultés. Grâce aux nombreux ports de refuge sur les côtes étendues de notre pays, le transport des blessés, dans le cas d'une bataille maritime dans nos parages, ne sera pas de longue durée, et l'adaptation des bâtiments, pour laquelle nous possédons le matériel nécessaire, ne demandera pas de longs préparatifs. Aussi la Société danoise n'a-t-elle pas regardé comme nécessaire de s'assurer d'avance l'usage d'un navire hospitalier; et le Ministère de la Marine, auquel la Société s'est adressée, nous a informés que le Gouvernement ne fournira pas non plus de bâtiment à cet effet, au moins pas pour le moment.

En temps de guerre, on trouvera chez nous assez de médecins qui, habitués à la mer, n'hésiteront pas à accepter le service sur les navires hospitaliers.

États-Unis. — Comité central de la Croix-Rouge nationale américaine. — Washington. — . . . . . L'American national Red Cross ratifie de plein cœur les principes de la Convention de la Haye en ce qui regarde la guerre sur mer. La Société a l'intention de se mettre elle-même en rapports étroits avec le service médical du Ministère de la Marine afin d'être en mesure de prêter, en temps de guerre, telle assistance que ce service pourra demander.

Italie. — Croce Rossa Italiana, Comitato centrale. — Roma, 1907. — . . . Des négociations ont été entamées avec les Sociétés de navigation italienne. . . . . La Croix-Rouge italienne s'engage à soigner, dans les villes maritimes et dans les ports, les blessés et malades, sans distinction de nationalité, recueillis par les navires-hôpitaux durant les combats sur mer.

Suède. — Comité central de la Société suédoise de la Croix-Rouge. — Stockholm, 7 avril 1907. — « . . . La Société de la Croix-Rouge de Suède est entrée en négociations avec une Compagnie de navigation, laquelle en cas de guerre fournira un navire devant servir de vaisseau-hôpital. Les plans, etc., pour l'équipement de ce navire sont déjà faits. Il y aura place à bord pour 100 malades en outre du personnel de pansement. Des plans sont en étude pour équiper un autre vaisseau-hôpital soutenu pécuniairement par des donations. La Société suédoise usera aussi de toute son influence pour obtenir la gratuité de droits de ports pour de tels navires [1] et accepte aussi de soigner, sans aucune distinction de nationalité, les blessés ou malades qui peuvent être sauvés durant un combat naval et transportés par un vaisseau-hôpital aux ports suédois.

Il est regrettable que cette série de décisions prises par les Sociétés de la Croix-Rouge n'ait pas été communiquée plus tôt à Londres, qu'elle ne comprenne pas tous les pays, qu'elle ne soit pas plus développée en ce qui concerne la Marine. Elle fournit néanmoins quelques indications utiles. Par ailleurs, des rapports séparés remis à la VIIIe Conférence complètent ces renseignements sur quelques points. Ainsi le Japon, qui n'a adhéré qu'en 1886 [2] à la Convention de Genève, et dont la Croix-Rouge se trouve cependant au premier rang par son importance, a fait connaître son activité au point de vue de l'organisation des bâtiments-hôpitaux par les Sociétés de secours. Voici quelques passages de la très intéressante notice [3] publiée sur ce sujet :

(1) L'exemption des droits de ports accordée aux navires-hôpitaux par la Convention spéciale de La Haye, du 21 décembre 1904, est déjà promulguée dans un grand nombre de pays, notamment en France.

(2) *Das Rothe Kreuz, Organ des Oesterreichen patriotischen Hilfsvereine.* Wien, 1. October 1887. Ce numéro reproduit un mémoire paru dans l'*Allgemeine Zeitung* de Munich les 9 et 10 septembre 1887, sur les «Conférences internationales de la Croix-Rouge, leur but et leurs résultats».

(3) *Mémoire de la Société de la Croix-Rouge japonaise sur le thème de concours soumis aux Sociétés de la Croix-Rouge à l'occasion de l'Exposition de 1907*; in-4°, 8 pages et 1 planche. Ce mémoire a valu à la Société un diplôme d'honneur dans le concours pour le prix de l'impératrice Marie Feodorowna. Les deux documents ci-après, distribués également à la Conférence de Londres, méritent aussi d'être particulièrement cités :

Œuvre de la Société japonaise de la Croix-Rouge pendant la guerre russo-japonaise et principes qui l'ont guidée; in-4°, 13 pages.

The Japanese Red Cross Society and the russo-japanese War; 1 vol. in-8°, 280 pages; le chapitre XI (Service of Relief Detachment on the Sea) est spécialement consacré à l'activité maritime de la Croix-Rouge japonaise.

« Aucune Société de la Croix-Rouge n'est assez riche pour construire un vaisseau-hôpital idéalement parfait dans le but de l'évacuation des malades et blessés en temps de guerre et le garder inactif en temps de paix, ou le faire naviguer de temps en temps seulement, dans le simple but d'empêcher ses machines de se rouiller. La Société japonaise de la Croix-Rouge adopta par suite un plan qu'elle considère comme le meilleur au point de vue des conditions économiques susénoncées, et construisit les deux vaisseaux-hôpitaux *Hakuai-Maru* et *Kosai-Maru*. Ce plan est le suivant : la Société fit construire avec son capital deux navires le plus appropriés à l'emploi de navire-hôpital, en tenant compte des limites imposées pour leur emploi comme bateaux de passagers en temps de paix, et les vendit immédiatement à la Compagnie « *Nippon Yusen Kaisha* », la Société se réservant le droit de s'en servir en cas de besoin, après trente jours d'avis en temps de paix et seulement en cas de guerre, peints et complètement équipés comme navires-hôpitaux. La Compagnie paye par acomptes annuels pendant vingt ans, et la Société place cet argent dans une banque de dépôt, à intérêts composés, de sorte que, à la fin des vingt ans, le capital accumulé et les intérêts suffiront à acheter trois nouveaux hôpitaux de même construction. La Compagnie est responsable de tous risques durant les vingt ans. Le contrat sommaire avec la Compagnie signé le 17 août 1897 et les dessins des bâtiments sont annexés à ce mémoire.

Ces navires-hôpitaux furent construits avec l'expérience acquise dans la guerre contre la Chine de 1894-1895 et dans le soulèvement des Boxers en 1900. Un d'eux fut le premier à apparaître devant Takou et à évacuer vers le Japon les soldats japonais et français malades et blessés.

Dans la dernière guerre, les deux navires-hôpitaux reçurent l'ordre d'entrer en service immédiatement après la déclaration de guerre et furent les seuls bâtiments-hôpitaux de l'armée pendant les trois premiers mois de guerre. . .

D'une notice[1] publiée pour la 8e Conférence par la Croix-Rouge d'Angleterre, j'insère ici l'extrait suivant :

. . . . . Une des fonctions de la British Red Cross Society en temps de paix sera donc de déterminer, en en dressant la liste, l'étendue et la nature des secours libres sur lesquels on pourra compter ou qu'on

[1] *The Red Cross Society*; in-4°, 6 pages.

peut espérer en temps de guerre, et de fournir aux Services médicaux de l'Armée et de la Marine tous les renseignements désirables sur l'aide qu'on peut attendre de ces secours.

Comme il est essentiel que ces propositions d'assistance concordent avec les besoins de ces Services officiels de l'Armée et de la Marine qui ont la responsabilité des malades et blessés pendant la guerre, la Société aura à se tenir au courant des aptitudes à exiger du personnel demandé par les Services médicaux, et de tous les détails concernant l'équipement et le matériel qui de temps à autre peuvent être adoptés, après approbation de ces Services. En effet, cette assistance provenant de l'initiative privée n'offre qu'une douteuse utilité et même constitue un véritable embarras si elle ne répond pas en tous points aux besoins des autorités navales et militaires.

En France, le Comité central de la Croix-Rouge a toujours eu le vif désir d'apporter à la Marine son concours le plus complet pour les secours aux blessés et malades en cas de guerre navale. Il en a donné des preuves éclatantes en étudiant de concert avec le Ministère de la Marine, longtemps avant la Convention de la Haye, les moyens d'appliquer aux victimes des combats sur mer les principes de la Convention de Genève. Son président actuel, M. le marquis de Vogüé, n'a jamais cessé de soutenir, avec la plus noble conviction et la plus chaleureuse éloquence, la nécessité de l'activité maritime de la Croix-Rouge. Pendant l'expédition de Chine, en 1900, le Comité a pu inscrire à son livre d'or son intervention si importante pour venir en aide aux blessés et malades, et l'envoi dans les mers de Chine et du Japon d'un navire-hôpital parfaitement aménagé, qui a rendu les plus grands services.

Parmi tant de témoignages qui en font foi, je ne veux retenir que celui du vice-amiral Pottier, commandant en chef l'escadre de l'Extrême-Orient, écrivant de Nagasaki au Ministre de la Marine, le 15 décembre 1900 :

« . . . . . Je ne saurais trop insister auprès de vous sur les services rendus au corps expéditionnaire par cette admirable Société. A Nagasaki, elle a organisé et fait fonctionner d'une manière parfaite un hôpital de 200 lits qui, tous, ont été presque constamment occupés; à Takou, comme à Chan-Haï-

Kouan et à Nagasaki, le navire-hôpital de la Croix-Rouge a concouru avec les transports de l'État à recueillir les malades évacués par le corps expéditionnaire et l'escadre, et le dévouement du personnel de la Société a toujours été au-dessus de tout éloge [1]. . . . . »

Cet hommage d'un illustre amiral, serait, semble-t-il, la meilleure conclusion d'une étude complète de la Croix-Rouge.

Dans le présent travail je me suis proposé seulement d'exciter l'intérêt et d'appeler l'attention sur une partie de cette grande œuvre humanitaire. En le terminant, je crois utile de reproduire le *projet* de nouvelle Convention de La Haye de 1907, adaptant à la guerre maritime les principes de la Convention de Genève de 1906, ainsi que le très remarquable *rapport,* lus, sur ce sujet, le 20 juillet 1907, à la IIe Conférence de la Paix. M. le professeur Louis Renault en est l'auteur; il a été souvent cité dans les pages précédentes; son nom est attaché à tous les progrès qui résultent des Conférences internationales de la Croix-Rouge, auxquels il contribue puissamment par son inlassable ardeur comme par sa science juridique indiscutable.

DEUXIÈME CONFÉRENCE DE LA PAIX.

TROISIÈME COMMISSION.

Amendements à la Convention de La Haye du 29 juillet 1899 pour l'adaptation à la guerre maritime des principes de la Convention de Genève du 22 août 1864.

RAPPORT À LA CONFÉRENCE [2].

Nous venons vous rendre compte du mandat que vous nous avez confié d'élaborer un texte, sur lequel pourraient porter vos délibérations. Avant de motiver brièvement chacune des propositions que nous

[1] *La Société de secours aux blessés militaires des armées de terre et de mer en Chine (1900-1901).* Paris, siège central de la Société, 19, rue Matignon, décembre 1901, in-8°, 136 pages, avec nombreuses figures, 2 plans et 1 carte.

[2] Ce rapport a été fait à la 3e Commission au nom d'un Comité de

aurons l'honneur de vous soumettre, il est utile de présenter quelques observations d'un caractère général.

Les auteurs de la Convention de 1899 se sont naturellement inspirés des principes fondamentaux de la Convention de 1864, regardés comme le point de départ des prescriptions à édicter pour la guerre maritime; ils ont cherché quelles étaient les règles qui, d'après ces principes, pouvaient permettre d'obtenir sur mer les résultats humanitaires déjà obtenus sur terre. L'accord s'est assez facilement établi dans la Conférence et il n'est pas inutile de rappeler que le Comité de rédaction, qui avait élaboré le projet et qui avait été unanime, était en grande majorité composé de marins.

Actuellement nous sommes en présence d'une nouvelle Convention de Genève, du 6 juillet 1906, qui a été signée par les représentants de plus de trente États, qui est déjà ratifiée par onze d'entre eux et qui est destinée à remplacer la Convention du 22 août 1864. On a été naturellement amené à se demander s'il ne convenait pas de profiter de la nouvelle Convention pour compléter l'œuvre de 1899. Ce n'est pas que la Convention de 1864 ait été modifiée dans ses traits essentiels par la Convention de 1906; les principes fondamentaux sont restés les mêmes; on s'est proposé de consolider les résultats de l'expérience et de l'étude doctrinale, de combler des lacunes, de dissiper des obscurités, non de faire quelque chose de tout nouveau. Nous sommes dans la même situation en ce qui concerne la Convention de 1899. Nous ne croyons pas qu'il y ait rien d'essentiel à y changer; il peut y avoir lieu seulement de rechercher si, en profitant de la Convention de 1906, il n'y a pas lieu de compléter la Convention de 1899 en restant fidèle à l'esprit d'où elle a procédé.

Une grande reconnaissance est due à la délégation allemande pour le travail consciencieux auquel elle s'est livrée, afin d'adapter à la Convention de 1899 les extensions et les compléments admis pour la Convention de 1864. Notre tâche en a été beaucoup simplifiée. Il s'agira seulement de rechercher s'il n'y a pas, sur certains points, entre la guerre maritime et la guerre continentale, des différences de

rédaction présidé par S. E. le comte Tornielli, président de la 3e Commission et comprenant des délégués de l'Allemagne (contre-amiral Siegel, assisté de M. Goeppert), de l'Autriche-Hongrie (contre-amiral Haus), de la Belgique (M. van den Heuvel), de la Chine (colonel Tinge), de la France (M. Louis Renault, rapporteur), de la Grande-Bretagne (capitaine de vaisseau Ottley), de l'Italie (capitaine de vaisseau Castiglia), du Japon (amiral Shimamura), des Pays-Bas (vice-amiral Roelle), de la Russie (colonel Ovtchinnikow), de la Suisse (S. E. M. Carlin).

fait qui expliqueraient qu'on ne transportât pas purement et simplement dans l'une telle solution admise pour l'autre; parfois les analogies sont plus apparentes que réelles.

Les propositions de la délégation française visent également à *compléter* plus qu'à *modifier* la Convention de 1899, en réglant des cas omis par celle-ci.

Certains des amendements proposés par la délégation des Pays-Bas tendaient, au contraire, semble-t-il, à modifier des principes de la Convention de 1899.

Une question préjudicielle a dû d'abord être résolue par la Commission. La Convention de 1899 subsisterait-elle sauf à être amendée ou complétée? Ferait-on une Convention toute nouvelle, dans laquelle on fondrait les dispositions maintenues et les dispositions nouvelles? Le second parti a été pris sans hésitation. Les textes complémentaires sont assez étendus et se réfèrent à des points assez distincts pour qu'il y ait une grande difficulté pratique à combiner les diverses dispositions. Dans une pareille matière, où il s'agit de poser des règles pour des situations difficiles, il faut un texte clair, précis, facile à consulter.

La Convention de 1899 comprend quatorze articles. Le projet que nous vous soumettons en compte vingt-six. Que l'on ne s'effraie pas de cette différence et que l'on ne croie pas qu'il y ait de très grands changements apportés à l'œuvre de 1899. Celle-ci garde bien sa physionomie propre, qui n'est en rien altérée par les additions proposées qui ne peuvent soulever de difficultés sérieuses.

Le titre de la Convention doit être évidemment modifié; il suffit de substituer la date du 6 juillet 1906 à celle du 22 août 1864.

Les articles 1 et 2, relatifs aux bâtiments-hôpitaux militaires et aux bâtiments hospitaliers des belligérants, sont les articles 1 et 2 de la Convention de 1899 maintenus sans changement.

L'article 3 modifie, au contraire, l'article 3 de la Convention de 1899. La majorité de la Commission a, en effet, adopté un amendement proposé par la délégation allemande et inspiré par l'article 11 de la Convention de 1906. Pour comprendre la difficulté qui s'élève, il faut comparer le cas prévu par cette dernière Convention au cas analogue qui se présente dans la guerre maritime.

Une Société de secours d'un pays neutre veut aller fournir son assistance à l'un des belligérants. À quelles conditions peut-elle le faire? Il lui faut d'abord le consentement du Gouvernement de son pays, puis le consentement du belligérant qu'elle veut assister et sous le contrôle duquel elle doit se placer. Elle fera temporairement partie de son service sanitaire, comme le prouve l'obligation qui lui est imposée par l'article 22, alinéa 1, d'arborer le drapeau national de ce belligérant à côté du drapeau de la Convention.

En 1899, on a eu à se demander quelle devait être la condition des bâtiments hospitaliers des pays neutres qui seraient disposés à apporter leur concours charitable. Il n'y avait aucun précédent dont on pût s'inspirer, puisque la Convention de 1864 ne prévoyait pas le cas d'ambulances neutres et que, jusqu'à la Convention de 1906, on discutait sur le point de savoir si de telles ambulances pouvaient arborer leur pavillon national ou si elles devaient arborer le pavillon du belligérant. Voici en quels termes s'était prononcé à ce sujet le Comité de 1899 : «Il avait été question d'exiger que les bâtiments hospitaliers neutres se rangeassent sous l'autorité directe de l'un des belligérants. Une étude attentive nous a démontré que cette solution entraînerait d'assez graves difficultés. Quel pavillon porteraient les navires dont il s'agit? N'y aurait-il pas quelque chose de contraire à l'idée de la neutralité dans le fait pour les navires ayant une commission officielle d'être incorporés dans la Marine de l'un des belligérants? Il nous a semblé qu'il suffirait que l'action de ces bâtiments, qui dépendent d'abord du Gouvernement dont ils tiennent leur commission, fût soumise à l'autorité des belligérants dans les termes prévus par l'article 4.»

Ces raisons ont paru à certains membres de la Commission avoir conservé toute leur force. Ils ont pensé que la solution donnée par l'article 11 de la Convention de 1906 ne suffisait pas pour les écarter. L'ambulance neutre, qui veut concourir au service hospitalier d'un belligérant, doit, par la force des choses, s'incorporer dans ce service; on ne conçoit pas son action indépendante dans les lignes de ce belligérant qui répond d'elle à l'égard de l'adversaire et doit exercer sur elle son contrôle. La situation semble autre pour le navire hospitalier neutre qui opère en pleine mer, qui a une autonomie que ne saurait avoir à ce degré une ambulance. De plus, ajoute-t-on, un navire hospitalier neutre peut ne pas se proposer d'assister un belligérant plus que l'autre, mais se rendre à proximité des opérations navales et être prêt à assister les deux partis. Cela n'a d'ailleurs pas d'inconvénients à raison des moyens d'action donnés aux belligérants pour empêcher les abus auxquels pourrait donner lieu l'assistance charitable.

Ce raisonnement n'a pas convaincu la majorité de la Commission, qui s'est prononcée dans le sens d'une modification à apporter à l'article 3 dans le but de mettre la disposition d'accord avec l'article 11 de la Convention de 1906. Des considérations militaires, dit-on, imposent cette solution : l'indépendance laissée au bâtiment hospitalier neutre permettrait de graves abus et la disposition de l'article 4 ne suffirait pas à les réprimer.

C'est pourquoi la Commission vous propose de modifier l'article 3 dans le sens de la Convention de 1906. Cet article parle uniquement de l'obligation pour le bâtiment hospitalier neutre de se mettre au service (hospitalier, bien entendu) de l'un des belligérants. C'est l'article 5 nouveau (alinéa 4) qui tire la conséquence au point de vue du pavillon du bâtiment neutre employé dans ces conditions. Il n'est pas sans intérêt de remarquer que la solution donnée dans cet article n'est pas, quoi qu'on dise, en complète harmonie avec la disposition de l'article 11 de la Convention de 1906. D'après cette dernière l'ambulance neutre porte *deux pavillons*, le pavillon de la Convention de Genève et le pavillon du belligérant, tandis que, d'après le nouvel alinéa de l'article 5, le bâtiment neutre portera *trois pavillons*, le pavillon de la Convention de Genève, son pavillon national, plus le pavillon du belligérant arboré au grand mât. Nous ne connaissons pas de précédent en ce sens. Le texte proposé par la délégation allemande a été modifié, parce qu'on a trouvé excessif d'exiger que le bâtiment hospitalier neutre se mît *au service d'un belligérant* : il suffit qu'il se place sous sa direction.

L'article 4 ne comporte aucun changement. Il semble avoir donné aux belligérants des pouvoirs suffisants pour empêcher les abus.

L'article 5 est maintenu pour la plus grande partie. Il a pour but d'indiquer de quelle façon les bâtiments hospitaliers se feront reconnaître.

Il y a lieu de signaler une modification apportée au quatrième alinéa et deux alinéas nouveaux.

La modification a été expliquée plus haut à propos de la situation faite par le projet aux bâtiments hospitaliers neutres. Si le système adopté par la Commission n'était pas maintenu par la Conférence, il y aurait lieu de revenir au texte même de la Convention de 1899.

Le nouvel alinéa 5 a pour but d'étendre à notre matière la règle de l'article 21, alinéa 2, de la Convention de 1906, ainsi conçue : « . . . . les formations sanitaires *tombées au pouvoir de l'ennemi* n'arboreront pas d'autre drapeau que celui de la Croix-Rouge, aussi longtemps qu'elles se trouveront dans cette situation ». La situation ne se présente pas identique pour le bâtiment hospitalier, qui ne semble pas devoir *tomber au pouvoir* de l'ennemi au même titre qu'une ambulance qui, en fait, est dans les lignes de l'ennemi, plus ou moins confondue avec ses propres installations. On a voulu viser le cas de bâtiments *détenus* dans les termes de l'article 4, alinéa 5 ; aussi est-il convenable de modifier un peu la rédaction proposée par l'amendement allemand.

La règle de l'article 5, alinéa 5 nouveau, a une portée très large et comprend tous les cas : si le bâtiment hospitalier d'un belligérant est retenu par l'adversaire, il rentre son pavillon national et ne conserve que le drapeau de la Croix-Rouge. S'il s'agit d'un bâtiment hospitalier neutre, il rentre le pavillon national du belligérant dans le service duquel il est entré, mais il conserve son propre pavillon national.

Enfin l'alinéa 6 nouveau règle le cas des signes distinctifs destinés à faire reconnaître pendant la nuit les bâtiments hospitaliers. La délégation allemande proposait la règle suivante : « Comme signe distinctif tous les bâtiments hospitaliers porteront, pendant la nuit, trois feux, vert-blanc-vert, placés verticalement l'un sous l'autre et espacés d'au moins trois mètres. » Des objections diverses ont été formulées. La disposition semble avoir un caractère impératif et cependant on ne peut exiger qu'un bâtiment hospitalier, qui accompagne une escadre, signale sa présence à l'ennemi ; il doit être libre de se manifester ou non, sauf à être exposé à une attaque si son caractère n'apparaît pas. De plus il pourrait être abusé des feux pour faire échapper un bâtiment. La Commission a adopté un texte qui répond aux objections : c'est aux bâtiments qui veulent s'assurer la nuit le respect auquel ils ont droit, à prendre, d'accord avec l'autorité militaire, les mesures nécessaires pour être reconnus, c'est-à-dire pour que la peinture caractéristique indiquée dans les alinéas 1-3 du même article apparaisse nettement. Cela est, paraît-il, possible et cela ne permet pas les abus auxquels les feux pourraient donner lieu.

Le nouvel article 6 est inspiré par l'article 23 de la Convention de 1906. Il ne peut soulever aucune difficulté.

L'article 7 nouveau prévoit une hypothèse analogue à celle qui est réglée par les articles 6 et 15 de la Convention de 1906, mais beaucoup plus rare, aujourd'hui du moins, dans la guerre maritime que dans la guerre continentale. Une légère confusion s'était produite en présence du texte de l'amendement de la délégation allemande, d'après lequel, « pendant le combat, les infirmeries à bord des vaisseaux de guerre seront respectées et ménagées autant que faire se pourra ». On n'a d'abord pensé qu'au combat à distance, de beaucoup le plus fréquent, et naturellement on n'a pas compris comment, au cours d'un pareil combat, les infirmeries pouvaient être respectées. Mais c'est le combat à bord qui était envisagé et dès lors la disposition se comprenait d'elle-même. Il a suffi d'une légère modification du texte de l'amendement pour faire disparaître tout doute. L'article 8 est nouveau.

Le principe posé dans le premier alinéa est emprunté à l'article 7 de la Convention de 1906 ; il va de soi.

Le deuxième alinéa est inspiré par l'article 8 de la Convention de 1906, dont il n'a pas paru toutefois nécessaire de reproduire toutes les dispositions. Le personnel des bâtiments hospitaliers et des infirmeries des vaisseaux de guerre peut être armé, soit pour le maintien de l'ordre à bord, soit pour la protection des malades et blessés. Il n'y a pas là un fait de nature à motiver le retrait de la protection du moment qu'il n'est fait usage des armes que pour les buts indiqués. Par identité de motif, le commissaire qu'un belligérant a pu mettre à bord d'un bâtiment hospitalier dans les termes de l'alinéa 5 de l'article 4, ne doit pas être fait prisonnier de guerre, s'il tombe au pouvoir d'un croiseur du pays dont relève le bâtiment hospitalier sur lequel il se trouve. Sa présence s'explique comme celle du piquet gardant une infirmerie par la nécessité de permettre au bâtiment de remplir sa mission charitable; ce motif justifie dans les deux cas l'exemption de la captivité.

La délégation allemande avait prévu le cas où «le bâtiment hospitalier est armé de pièces d'artillerie légère en vue des dangers de la navigation et en particulier afin de pouvoir se défendre contre tout acte de piraterie». Une discussion s'est engagée dans le Comité de rédaction au sujet de l'artillerie dont pourrait être pourvu le bâtiment hospitalier, et finalement l'opinion qui a prévalu est qu'il n'est nullement nécessaire que le bâtiment soit armé. Les navires de commerce ne sont pas armés et ne courent pas plus de dangers. Il va sans dire qu'il pourrait y avoir à bord un canon pour faire les signaux.

La délégation des Pays-Bas avait proposé de s'expliquer au sujet de la présence à bord d'une installation radio-télégraphique. Après discussion, la majorité de la Commission a estimé que ce fait n'était pas, par lui-même, de nature à justifier le retrait de la protection. Un bâtiment hospitalier peut avoir besoin de communiquer avec sa propre escadre ou avec la terre dans le but de remplir sa mission. Ce n'est pas tout emploi d'une installation radio-télégraphique, mais tel emploi qui peut être illicite et il convient de rappeler ici l'article 4, alinéa 2, d'après lequel les Gouvernements s'engagent à n'utiliser les bâtiments hospitaliers pour aucun but de guerre. L'exécution d'une pareille disposition, comme de bien d'autres dispositions, dépend de la bonne foi des belligérants.

D'ailleurs, les dispositions de l'article 4 permettront aux commandants des bâtiments de guerre de prendre les mesures nécessaires pour éviter les abus; un commissaire pourra surveiller l'usage de la radio-télégraphie; les appareils de transmission seront au besoin enlevés momentanément.

L'article 9 est nouveau dans son ensemble, bien qu'il comprenne en substance l'article 6 de la Convention de 1899.

D'après l'alinéa 1, les belligérants peuvent faire appel au zèle charitable de bâtiments de commerce neutres pour prendre à bord et soigner des blessés ou des malades. La disposition est inspirée de l'article 5 de la Convention de 1906; on a spécifié qu'il ne s'agit que d'un concours bénévole des bâtiments neutres et on a modifié le texte de l'amendement allemand (les belligérants pourront *demander*), afin d'éviter toute équivoque.

L'alinéa 2 règle la situation des bâtiments qui auraient répondu à cet appel comme aussi de ceux qui auraient spontanément recueilli des blessés, des malades ou des naufragés. (La situation des individus trouvés à bord sera examinée plus loin.) Il est dit que ces bâtiments *jouiront d'une protection spéciale et de certaines immunités*. On a critiqué ces expressions empruntées à la Convention de 1906 (article 5) en en faisant ressortir le caractère vague qui n'est pas niable. On ne peut guère procéder autrement; tout dépend des circonstances. Un vaisseau de guerre pourra faire appel à un bâtiment peut-être éloigné, en lui promettant, par exemple, de ne pas le visiter. Il est évident que les avantages des immunités se comprennent moins bien qu'à terre, où les habitants, auxquels on fait appel, sont exposés à une série de mesures rigoureuses de la part de l'envahisseur ou de l'occupant. C'est avant tout une affaire de bonne foi. Un belligérant doit tenir la promesse qu'il a pu faire pour obtenir un service et le neutre ne doit pas, par une apparence de zèle, pouvoir se soustraire aux risques que sa conduite a pu lui faire courir. Tout ce qui est certain, c'est que, d'une part, les bâtiments dont il s'agit ne peuvent être capturés pour le fait du transport des naufragés, blessés ou malades d'un belligérant, et, d'autre part, que, comme le dit expressément l'article 6 de la Convention de 1899, ils restent exposés à la capture pour les violations de neutralité qu'ils pourraient avoir commises (contrebande de guerre, violation de blocus).

L'article 10 reproduit l'article 7 de la Convention de 1899 avec une modification peu importante destinée à mettre en harmonie les dispositions relatives à la guerre continentale et à la guerre maritime en ce qui concerne le traitement du personnel hospitalier momentanément retenu par l'ennemi (cf. article 13 de la Convention de 1906). Il n'est pas besoin d'ajouter que, pour la guerre maritime comme pour la guerre continentale, il ne s'agit que du personnel officiel, le personnel d'une Société n'ayant pas droit à une solde.

L'article 11 correspond à l'article 8 de la Convention de 1899, qu'il complète dans le sens de l'article 1, alinéa 1, de la Convention de Genève.

L'article 12 est nouveau; il correspond à un amendement présenté par la délégation allemande (3e alinéa ajouté à l'article 6), dont il généralise la disposition. Nous ne pensons pas que la règle soit nouvelle; si la formule ne se trouvait pas dans la Convention de 1899, l'esprit de celle-ci n'est pas douteux. C'est un point important sur lequel il ne doit y avoir aucune équivoque.

Un croiseur belligérant rencontre un bateau-hôpital militaire ou un bâtiment hospitalier, un bâtiment de commerce; quelle que soit la nationalité de ces bâtiments, il a, soit en vertu de l'article 4 de la Convention, soit en vertu du droit commun, le droit de visite à leur égard. Il l'exerce et trouve à bord des naufragés, des blessés ou des malades; il a le droit de se les faire remettre, parce qu'ils sont ses prisonniers, comme cela est dit à l'article 9 de la Convention de 1899, reproduit par l'article 14 de notre projet. Il n'y a là qu'une application d'un principe général, en vertu duquel les combattants d'un belligérant qui tombent au pouvoir du parti adverse sont par cela même ses prisonniers. Évidemment le belligérant n'aura pas toujours intérêt à user de son droit. Souvent il aura tout avantage à laisser les blessés ou malades là où ils sont et à ne pas en prendre la charge. Mais, dans tel cas donné, il sera indispensable de ne pas laisser aller des blessés ou des malades qui seront encore en état de rendre de grands services à leur patrie; cela se comprend encore plus à l'égard des naufragés valides. On a dit qu'il y aurait inhumanité à forcer un bâtiment neutre de livrer des blessés, qu'il avait charitablement recueillis. Pour écarter cette objection, il n'y a qu'à réfléchir à ce que serait la situation en l'absence de Convention. Le droit des gens positif permettrait non seulement de s'emparer des individus, combattants ennemis, trouvés à bord d'un bâtiment neutre, mais de saisir et de confisquer le navire comme ayant rendu un service *unneutral*. Ajoutons que, si des naufragés, par exemple, devaient échapper à la captivité par cela seul qu'ils auraient trouvé asile sur un bâtiment neutre, les belligérants écarteraient l'action charitable des neutres, du moment que cette action pourrait avoir pour résultat de leur causer un préjudice irréparable. L'humanité n'y gagnerait pas.

Il est très utile d'ajouter que l'article 12 du projet indique d'une manière limitative ce que peut faire un croiseur belligérant à l'égard des bâtiments de commerce neutres; il ne peut les détourner de leur route et leur imposer un itinéraire déterminé. Ce droit n'est accordé par l'article 4 de la Convention de 1899, conservé par le projet, qu'à l'égard des bâtiments affectés spécialement au service hospitalier, qui doivent subir les conséquences du rôle particulier qui leur est assigné. Rien de semblable ne saurait être imposé à des navires de commerce qui occasionnellement veulent bien concourir à une œuvre charitable. Il n'y a pas à argumenter en sens contraire de la disposition que nous proposons de conserver (article 14 du projet), parce que cet article ne s'occupe pas des navires, mais règle uniquement le sort des blessés ou malades.

L'article 13 proposé par la délégation française est nouveau; il comble une lacune de la Convention de 1899 et ne saurait soulever aucune difficulté. Le cas s'est présenté pendant la dernière guerre et a été réglé, après quelques hésitations, dans le sens du projet. Les naufragés, blessés ou malades recueillis par un vaisseau de guerre neutre sont dans une situation tout à fait analogue à celle de combattants qui se réfugient en territoire neutre. Ils ne sont pas livrés à l'adversaire, mais ils doivent être gardés.

L'article 14 reproduit purement et simplement l'article 9 de la Convention. Des amendements proposés par la délégation allemande et la délégation des Pays-Bas ont été retirés à raison du rétablissement de l'article 10 de la Convention.

La portée de l'article 14 a été déterminée par ce qui a été dit plus haut à propos de l'article 12 du projet; le sort des personnes est seul envisagé et non celui des bâtiments, réglé par ailleurs.

L'article 15 n'est que la reproduction de l'article 10 de la Convention qui, pour des raisons spéciales ne tenant pas au bien-fondé de l'article, n'avait pas été ratifié. Le rétablissement en a été admis sans difficulté sur la proposition de la délégation française. L'hypothèse que l'on a eue en vue est celle des bâtiments de guerre des belligérants venant débarquer des blessés ou des malades dans un port neutre, dégageant de cette manière leur action. Il pourrait y avoir un doute sur le point de savoir si le neutre ne fournit pas ainsi une assistance contraire à la neutralité et n'engage pas sa responsabilité envers l'autre belligérant. Il a semblé que la solution proposée tenait un compte suffisant des intérêts en présence. On a fait remarquer que l'article 15 semblait imposer une obligation assez lourde à l'État neutre alors qu'il ne pouvait répondre dans tous les cas des évasions des internés; ne suffirait-il pas de dire, comme dans l'article 13, qu'ils ont à prendre des mesures dans le but indiqué? Il a été répondu que la différence de rédaction des deux articles s'explique par la différence des situations. Le commandant du vaisseau de guerre neutre qui a recueilli des blessés ou des malades ne peut *garder* les individus recueillis; il en esautrement de l'autorité du pays neutre. Seulement il va de soi que tout ce qu'on peut demander à l'autorité du pays neutre, c'est de ne pas commettre de négligence; la responsabilité suppose la faute.

Si un bâtiment de commerce neutre ayant recueilli des blessés ou des malades, même des naufragés, arrive dans un port neutre sans avoir rencontré de croiseur et sans avoir pris aucun engagement, les individus qu'il débarque ne tombent pas sous le coup de la disposition; ils sont libres.

L'article 16 est nouveau, il est emprunté à la Convention de 1906 (article 3). On a trouvé singulier qu'on eût laissé les mots «inhumation» et «incinération». Ils n'auront naturellement pas souvent leur application à propos d'opérations maritimes. Mais il faut songer qu'un combat a pu se passer près de la côte et que la disposition s'applique aux individus qui seraient à terre.

L'article 17 est nouveau. Il correspond à l'article 4 de la Convention de 1906.

L'article 18 reproduit l'article 11 de la Convention de 1899.

L'article 19 est nouveau. Il correspond à l'article 25 de la Convention de 1906.

L'article 20 est nouveau. Il correspond à l'article 26 de la Convention de 1906. Nous le considérons comme très important. Les dispositions les meilleures restent lettre morte si on ne prend pas à l'avance les précautions nécessaires pour instruire ceux qui auront à les appliquer. Spécialement, le personnel à bord des bâtiments-hôpitaux ou des bâtiments hospitaliers aura souvent à remplir une mission très délicate. Il faut qu'il soit persuadé de la nécessité de ne pas profiter des immunités qui lui sont accordées, pour commettre des actes de belligérance; ce serait la ruine de la Convention et de toute l'œuvre humanitaire des deux Conférences de la paix.

L'article 21 est nouveau. Il correspond aux articles 27 et 28 de la Convention de 1906 et n'a soulevé aucune difficulté.

L'article 22 est nouveau. Il ne présente pas de difficultés. Dans le cas d'opérations militaires se poursuivant dans une même action sur terre et sur mer, il faut appliquer la nouvelle Convention aux forces embarquées et la Convention de 1906 aux forces qui opèrent sur terre.

L'article 23 reproduit l'article 12 de la Convention de 1899.

L'article 24 reproduit l'article 13 de la Convention de 1899 en changeant naturellement la date de la Convention de Genève.

L'article 25 est nouveau et correspond à l'article 31 de la Convention de 1906.

La Convention dont nous vous soumettons le projet remplacera la Convention de 1899 dans les rapports entre les Puissances qui l'auront également signée et ratifiée.

Si nous supposons deux Puissances ayant signé la Convention de 1899 et l'une d'elles seule signant la nouvelle Convention, la Convention de 1899 continuera nécessairement à régir leurs rapports.

L'article 26 reproduit l'article 14 de la Convention de 1899.

Tel est le projet que nous soumettons à votre approbation. C'est une œuvre modeste, pour laquelle nous avons été guidés par nos devanciers de 1899 et de 1906.

Nous ne la jugeons pas moins très utile et nous pensons que la transformation du projet en Convention diplomatique constituerait un progrès sérieux dans le sens de la codification du droit des gens.

TEXTE DE LA CONVENTION DE LA HAYE DU 29 JUILLET 1899, POUR L'ADAPTATION À LA GUERRE MARITIME DES PRINCIPES DE LA CONVENTION DE GENÈVE DU 22 AOÛT 1864.	PROJET DE CONVENTION POUR L'ADAPTATION À LA GUERRE MARITIME DES PRINCIPES DE LA CONVENTION DE GENÈVE DU 6 JUILLET 1906. (Texte proposé à la Conférence par la troisième Commission.)
ARTICLE PREMIER.	ARTICLE PREMIER.
Les bâtiments-hôpitaux militaires, c'est-à-dire les bâtiments construits ou aménagés par les États spécialement et uniquement en vue de porter secours aux blessés, malades et naufragés, et dont les noms auront été communiqués, à l'ouverture ou au cours des hostilités, en tout cas avant toute mise en usage, aux Puissances belligérantes, sont respectés et ne peuvent être capturés pendant la durée des hostilités.	Les bâtiments-hôpitaux militaires, c'est-à-dire les bâtiments construits et aménagés par les États spécialement et uniquement en vue de porter secours aux blessés, malades et naufragés, et dont les noms auront été communiqués, à l'ouverture ou au cours des hostilités, en tout cas avant toute mise en usage, aux Puissances belligérantes, sont respectés et ne peuvent être capturés pendant la durée des hostilités.
Ces bâtiments ne sont pas non plus assimilés aux navires de guerre au point de vue de leur séjour dans un port neutre.	Ces bâtiments ne sont pas non plus assimilés aux navires de guerre au point de vue de leur séjour dans un port neutre.

ART. 2.

Les bâtiments hospitaliers, équipés en totalité ou en partie aux frais des particuliers ou des Sociétés de secours officiellement reconnues, sont également respectés et exempts de capture, si la Puissance belligérante dont ils dépendent leur a donné une commission officielle et en a notifié les noms à la Puissance adverse à l'ouverture ou au cours des hostilités, en tout cas avant toute mise en usage.

Ces navires doivent être porteurs d'un document de l'autorité compétente déclarant qu'ils ont été soumis à son contrôle pendant leur armement et à leur départ final.

ART. 3.

Les bâtiments hospitaliers, équipés en totalité ou en partie aux frais des particuliers ou des Sociétés officiellement reconnues de pays neutres, sont respectés et exempts de capture, si la Puissance neutre dont ils dépendent leur a donné une commission officielle et en a notifié les noms aux Puissances belligérantes à l'ouverture ou au cours des hostilités, en tout cas avant toute mise en usage.

ART. 4.

Les bâtiments qui sont mentionnés dans les articles 1, 2 et 3, porteront secours et assistance aux blessés, malades et naufragés des belligérants sans distinction de nationalité.

Les Gouvernements s'engagent à n'utiliser ces bâtiments pour aucun but militaire.

Ces bâtiments ne devront gêner en

ART. 2.

Les bâtiments hospitaliers, équipés en totalité ou en partie aux frais des particuliers ou des Sociétés de secours officiellement reconnues, sont également respectés et exempts de capture, si la Puissance belligérante dont ils dépendent leur a donné une commission officielle et en a notifié les noms à la Puissance adverse à l'ouverture ou au cours des hostilités, en tout cas avant toute mise en usage.

Ces navires doivent être porteurs d'un document de l'autorité compétente déclarant qu'ils ont été soumis à son contrôle pendant leur armement et à leur départ final.

ART. 3.

Les bâtiments hospitaliers, équipés en totalité ou en partie aux frais des particuliers ou des Sociétés officiellement reconnues de pays neutres, sont respectés et exempts de capture, à condition qu'ils se soient mis sous la direction de l'un des belligérants, avec l'assentiment préalable de leur Gouvernement et avec l'autorisation du belligérant lui-même, et que ce dernier en ait notifié le nom à son adversaire dès l'ouverture des hostilités, en tout cas avant tout emploi.

ART. 4.

Les bâtiments qui sont mentionnés dans les articles 1, 2 et 3 porteront secours et assistance aux blessés, malades et naufragés des belligérants sans distinction de nationalité.

Les Gouvernements s'engagent à n'utiliser ces bâtiments pour aucun but militaire.

Ces bâtiments ne devront gêner en

aucune manière les mouvements des combattants.

Pendant et après le combat, ils agiront à leurs risques et périls.

Les belligérants auront sur eux le droit de contrôle et de visite; ils pourront refuser leur concours, leur enjoindre de s'éloigner, leur imposer une direction déterminée et mettre à bord un commissaire, même les détenir, si la gravité des circonstances l'exigeait.

Autant que possible, les belligérants inscriront sur le journal de bord des bâtiments hospitaliers les ordres qu'ils leur donneront.

ART. 5.

Les bâtiments-hôpitaux militaires seront distingués par une peinture extérieure blanche avec une bande horizontale verte d'un mètre et demi de largeur environ.

Les bâtiments qui sont mentionnés dans les articles 2 et 3, seront distingués par une peinture extérieure blanche avec une bande horizontale rouge d'un mètre et demi de largeur environ.

Les embarcations des bâtiments qui viennent d'être mentionnés, comme les petits bâtiments qui pourront être affectés au service hospitalier, se distingueront par une peinture analogue.

Tous les bâtiments hospitaliers se feront reconnaître en hissant, avec leur pavillon national, le pavillon blanc à croix rouge prévu par la Convention de Genève.

aucune manière les mouvements des combattants.

Pendant et après le combat, ils agiront à leurs risques et périls.

Les belligérants auront sur eux le droit de contrôle et de visite; ils pourront refuser leur concours, leur enjoindre de s'éloigner, leur imposer une direction déterminée et mettre à bord un commissaire, même les détenir, si la gravité des circonstances l'exigeait.

Autant que possible les belligérants inscriront sur le journal de bord des bâtiments hospitaliers les ordres qu'ils leur donneront.

ART. 5.

Les bâtiments-hôpitaux militaires seront distingués par une peinture extérieure blanche avec une bande horizontale verte d'un mètre et demi de largeur environ.

Les bâtiments qui sont mentionnés dans les articles 2 et 3, seront distingués par une peinture extérieure blanche avec une bande horizontale rouge d'un mètre et demi de largeur environ.

Les embarcations des bâtiments qui viennent d'être mentionnés, comme les petits bâtiments qui pourront être affectés au service hospitalier, se distingueront par une peinture analogue.

Tous les bâtiments hospitaliers se feront reconnaître en hissant, avec leur pavillon national, le pavillon blanc à croix rouge prévu par la Convention de Genève, et en outre, s'ils ressortissent à un État neutre, en arborant au grand mât le pavillon national du belligérant sous la direction duquel ils se sont placés.

Les bâtiments hospitaliers qui, dans les termes de l'article 4, sont détenus par l'ennemi, auront à rentrer le pavillon national du belligérant dont ils relèvent.

Les bâtiments et embarcations ci-dessus mentionnés, qui veulent s'assurer la nuit le respect auquel ils ont droit, ont, avec l'assentiment du belligérant qu'ils accompagnent, à prendre les mesures nécessaires pour que la peinture qui les caractérise soit suffisamment apparente.

ART. 6 (nouveau).

Les signes distinctifs prévus à l'article 5 ne pourront être employés, soit en temps de paix, soit en temps de guerre, que pour protéger ou désigner les bâtiments qui y sont mentionnés.

ART. 7 (nouveau).

Dans le cas d'un combat à bord d'un vaisseau de guerre, les infirmeries seront respectées et ménagées autant que faire se pourra.

Ces infirmeries et leur matériel demeurent soumis aux lois de la guerre, mais ne pourront être détournés de leur emploi, tant qu'ils seront nécessaires aux blessés et aux malades.

Toutefois le commandant qui les a en son pouvoir a la faculté d'en disposer, en cas de nécessité militaire importante, en assurant au préalable le sort des blessés et malades qui s'y trouvent.

ART. 8 (nouveau).

La protection due aux bâtiments hospitaliers et aux infirmeries des vaisseaux cesse si l'on en use pour

ART. 6.

Les bâtiments de commerce, yachts ou embarcations neutres, portant ou recueillant des blessés, des malades ou des naufragés des belligérants, ne peuvent être capturés pour le fait de ce transport, mais ils restent exposés à la capture pour les violations de neutralité qu'ils pourraient avoir commises.

ART. 7.

Le personnel religieux, médical et hospitalier de tout bâtiment capturé est inviolable et ne peut être fait prisonnier de guerre. Il emporte en quittant le navire les objets et les instruments de chirurgie qui sont sa propriété particulière.

Ce personnel continuera à remplir ses fonctions tant que cela sera nécessaire et il pourra ensuite se retirer lorsque le commandant en chef le jugera possible.

commettre des actes nuisibles à l'ennemi.

N'est pas considéré comme étant de nature à justifier le retrait de la protection le fait que le personnel de ces bâtiments et infirmeries est armé pour le maintien de l'ordre et pour la défense des blessés ou malades, ainsi que le fait de la présence à bord d'une installation radio-télégraphique.

ART. 9.

Les belligérants pourront faire appel au zèle charitable des commandants de bâtiments de commerce, yachts ou embarcations neutres pour prendre à bord et soigner des blessés ou des malades.

Les bâtiments qui auront répondu à cet appel ainsi que ceux qui spontanément auront recueilli des blessés, des malades ou des naufragés jouiront d'une protection spéciale et de certaines immunités. En aucun cas, ils ne pourront être capturés pour le fait d'un tel transport, mais, sauf les promesses qui leur auraient été faites, ils restent exposés à la capture pour les violations de neutralité qu'ils pourraient avoir commises.

ART. 10.

Le personnel religieux, médical et hospitalier de tout bâtiment capturé est inviolable et ne peut être fait prisonnier de guerre. Il emporte en quittant le navire les objets et les instruments de chirurgie qui sont sa propriété particulière.

Ce personnel continuera à remplir ses fonctions tant que cela sera nécessaire et il pourra ensuite se retirer lorsque le commandant en chef le jugera possible.

Les belligérants doivent assurer à ce personnel tombé entre leurs mains la jouissance intégrale de son traitement.

Les belligérants doivent assurer à ce personnel tombé entre leurs mains les mêmes allocations et la même solde qu'au personnel des mêmes grades de sa propre Marine.

ART. 8.

Les marins et militaires embarqués, blessés ou malades, à quelque nation qu'ils appartiennent, seront protégés et soignés par les capteurs.

ART. 11.

Les marins et militaires embarqués et les autres personnes officiellement attachées aux Marines ou aux Armées, blessés ou malades, à quelque nation qu'ils appartiennent, seront respectés et soignés par les capteurs.

ART. 12 (nouveau).

Tout vaisseau de guerre d'une partie belligérante peut réclamer la remise des blessés, malades ou naufragés, qui sont à bord des bâtiments hôpitaux militaires, de bâtiments hospitaliers de Sociétés de secours ou de particuliers, de navires de commerce, de yachts et embarcations, quelle que soit la nationalité de ces bâtiments.

ART. 13 (nouveau).

Si des blessés, malades ou naufragés sont recueillis à bord d'un vaisseau de guerre neutre, des mesures devront être prises pour qu'ils ne puissent pas de nouveau prendre part aux opérations de la guerre.

ART. 9.

Sont prisonniers de guerre les naufragés, blessés ou malades d'un belligérant qui tombent au pouvoir de l'autre. Il appartient à celui-ci de décider, suivant les circonstances, s'il convient de les garder, de les diriger sur un port de sa nation, sur un port neutre ou même sur un port de l'adversaire.

ART. 14.

Sont prisonniers de guerre les naufragés, blessés ou malades d'un belligérant qui tombent au pouvoir de l'autre. Il appartient à celui-ci de décider, suivant les circonstances, s'il convient de les garder ou de les diriger sur un port de sa nation, sur un port neutre ou même sur un port de l'adversaire.

Dans ce dernier cas, les prisonniers ainsi rendus à leur pays ne pourront servir pendant la durée de la guerre.

ART. 10 (non ratifié).

Les naufragés, blessés ou malades qui sont débarqués dans un port neutre, du consentement de l'autorité locale, devront, à moins d'un arrangement contraire de l'État neutre avec les États belligérants, être gardés par l'État neutre de manière qu'il ne puissent pas de nouveau prendre part aux opérations de la guerre.

Les frais d'hospitalisation et d'internement seront supportés par l'État dont relèvent les naufragés, blessés ou malades.

Dans ce dernier cas, les prisonniers ainsi rendus à leur pays ne pourront servir pendant la durée de la guerre.

ART. 15.

Les naufragés, blessés ou malades qui seront débarqués dans un port neutre, du consentement de l'autorité locale, devront, à moins d'un arrangement contraire de l'État neutre avec les États belligérants, être gardés par l'État neutre de manière qu'ils ne puissent pas de nouveau prendre part aux opérations de la guerre.

Les frais d'hospitalisation et d'internement seront supportés par l'État dont relèvent les naufragés, blessés ou malades.

ART. 16 (nouveau).

Après chaque combat les deux parties belligérantes, en tant que les intérêts militaires le comportent, prendront des mesures pour rechercher les naufragés, les blessés et les malades et pour les faire protéger, ainsi que les morts, contre le pillage et les mauvais traitements.

Elles veilleront à ce que l'inhumation, l'immersion ou l'incinération des morts soit précédée d'un examen attentif de leurs cadavres.

ART. 17 (nouveau).

Chaque belligérant enverra, dès qu'il sera possible, aux autorités de leur pays, de leur Marine ou de leur Armée les marques ou pièces militaires d'identité trouvées sur les morts, et l'état nominatif des blessés ou malades recueillis par lui.

Les belligérants se tiendront réciproquement au courant des internements et des mutations, ainsi que des entrées dans les hôpitaux et des décès survenus parmi les blessés et malades en leur pouvoir. Ils recueilleront tous les objets d'un usage personnel, valeurs, lettres, etc., qui seront trouvés dans les vaisseaux capturés, ou délaissés par les blessés ou malades décédés dans les hôpitaux, pour les faire transmettre aux intéressés par les autorités de leur pays.

ART. 11.

Les règles contenues dans les articles ci-dessus ne sont obligatoires que pour les Puissances contractantes en cas de guerre entre deux ou plusieurs d'entre elles.

Lesdites règles cesseront d'être obligatoires du moment où, dans une guerre entre des Puissances contractantes, une Puissance non contractante se joindrait à l'un des belligérants.

ART. 18.

Les règles contenues dans les articles ci-dessus ne sont obligatoires que pour les Puissances contractantes, en cas de guerre entre deux ou plusieurs d'entre elles.

Lesdites règles cesseront d'être obligatoires du moment où dans une guerre entre les Puissances contractantes, une Puissance non contractante se joindrait à l'un des belligérants.

ART. 19 (nouveau).

Les commandants en chef des flottes des belligérants auront à pourvoir aux détails d'exécution des articles précédents, ainsi qu'aux cas non prévus, d'après les instructions de leurs Gouvernements respectifs et conformément aux principes généraux de la présente Convention.

ART. 20 (nouveau).

Les Puissances signataires prendront les mesures nécessaires pour instruire leurs Marines, et spécialement le personnel protégé, des dispositions de la présente Convention et pour les porter à la connaissance des populations.

ART. 21 (nouveau).

Les Puissances signataires s'engagent également à prendre ou à proposer à leurs législatures, en cas d'insuffisance de leurs lois pénales, les mesures nécessaires pour réprimer en temps de guerre les actes individuels de pillage et de mauvais traitements envers des blessés et malades des Marines, ainsi que pour punir, comme usurpation d'insignes militaires, l'usage abusif des signes distinctifs désignés à l'article 5 par des bâtiments non protégés par la présente Convention.

Ils se communiqueront, par l'intermédiaire du Gouvernement des Pays-Bas, les dispositions relatives à cette répression, au plus tard dans les cinq ans de la ratification de la présente Convention.

ART. 22 (nouveau).

En cas d'opérations de guerre entre les forces de terre et de mer des belligérants, les dispositions de la présente Convention ne seront applicables qu'aux forces embarquées.

ART. 12.	ART. 23.
La présente Convention sera ratifiée dans le plus bref délai possible.	La présente Convention sera ratifiée dans le plus bref délai possible.
Les ratifications seront déposées à La Haye.	Les ratifications seront déposées à La Haye.
Il sera dressé du dépôt de chaque ratification un procès-verbal, dont une copie, certifiée conforme, sera remise par la voie diplomatique à toutes les Puissances contractantes.	Il sera dressé du dépôt de chaque ratification un procès-verbal, dont une copie certifiée conforme sera remise par la voie diplomatique à toutes les Puissances contractantes.
ART. 13.	ART. 24.
Les Puissances non signataires qui auront accepté la Convention de Ge-	Les Puissances non signataires qui auront accepté la Convention de Ge-

nève du 22 août 1864, sont admises à adhérer à la présente Convention.

Elles auront, à cet effet, à faire connaître leur adhésion aux Puissances contractantes, au moyen d'une notification écrite, adressée au Gouvernement des Pays-Bas et communiquée par celui-ci à toutes les autres Puissances contractantes.

nève du 6 juillet 1906, sont admises à adhérer à la présente Convention.

Elles auront, à cet effet, à faire connaître leur adhésion aux Puissances contractantes au moyen d'une notification écrite, adressée au Gouvernement des Pays-Bas et communiquée par celui-ci à toutes les autres Puissances contractantes.

ART. 25 (nouveau).

La présente Convention, dûment ratifiée, remplacera la Convention du 29 juillet 1899 dans les rapports entre les Puissances contractantes.

La Convention de 1899 reste en vigueur dans les rapports entre les Puissances qui l'ont signée et qui ne ratifieraient pas également la présente Convention.

ART. 14.

S'il arrivait qu'une des Hautes Parties contractantes dénonçât la présente Convention, cette dénonciation ne produirait ses effets qu'un an après la notification faite par écrit au Gouvernement des Pays-Bas et communiquée immédiatement par celui-ci à toutes les autres Puissances contractantes.

Cette dénonciation ne produira ses effets qu'à l'égard de la Puissance qui l'aura notifiée.

ART. 26.

S'il arrivait qu'une des Hautes Parties contractantes dénonçât la présente Convention, cette dénonciation ne produirait ses effets qu'un an après la notification par écrit faite au Gouvernement des Pays-Bas et communiquée immédiatement par celui-ci à toutes les autres Puissances contractantes.

Cette dénonciation ne produira ses effets qu'à l'égard de la Puissance qui l'aura notifiée.

Ce projet a été adopté à l'unanimité par la Conférence de la Paix avec une légère modification à l'article 13 (nouveau), dans lequel on a introduit les mots : «*il devra être pourvu dans la mesure du possible à ce....*», au lieu de : «des mesures devront être prises pour....». Les signatures des Puissances ont été apposées au bas de la nouvelle Convention, le dernier jour de la Conférence, le 18 octobre 1907, à La Haye; certains États pourront signer jusqu'au 30 juin 1908.

M. Hyades.

www.ingramcontent.com/pod-product-compliance
Ingram Content Group UK Ltd.
Pitfield, Milton Keynes, MK11 3LW, UK
UKHW022102170726
13837UKWH00003B/1050